职业教育物流类专业系列教材

快递综合实务

KUAIDI ZONGHE SHIWU

主　编　沈　捷　刘庭翠
副主编　汤冬梅　罗嘉欣　蒲　稚　李　菁
参　编　肖建敏　秦可欣　胡　倩　吴文春
　　　　陈　亮　曾　霞　王　飞

重庆大学出版社

图书在版编目（CIP）数据

快递综合实务 / 沈捷,刘庭翠主编.--重庆:重庆大学出版社,2022.4
职业教育物流类专业系列教材
ISBN 978-7-5689-2770-3

Ⅰ.①快…　Ⅱ.①沈…②刘…　Ⅲ.①快递—邮政业务
Ⅳ.①F618

中国版本图书馆 CIP 数据核字(2021)第 251194 号

快递综合实务

主　编:沈　捷　刘庭翠

策划编辑:杨　漫

责任编辑:鲁　静　版式设计:杨　漫
责任校对:刘志刚　责任印制:赵　晟

*

重庆大学出版社出版发行
出版人:饶帮华
社址:重庆市沙坪坝区大学城西路 21 号
邮编:401331
电话:(023) 88617190　88617185(中小学)
传真:(023) 88617186　88617166
网址:http://www.cqup.com.cn
邮箱:fxk@ cqup.com.cn（营销中心）
全国新华书店经销
重庆俊蒲印务有限公司印刷

*

开本:787mm×1092mm　1/16　印张:10.75　字数:237千
2022 年 4 月第 1 版　2022 年 4 月第 1 次印刷
ISBN 978-7-5689-2770-3　定价:40.00 元

前　言

随着电子商务的快速转型和发展,快递网络也在不断升级和发展,快递服务已进入千家万户。因此,作为物流专业的必修课程,"快递综合实务"课程有着非常重要的地位。通过对该课程的学习,学生可以了解快递的基础知识和理论,掌握快递包装、快递运单和快递岗位等内容,为后续学习物流专业其他课程打下扎实的基础。同时,该课程对激发学生的创新意识、培养学生的自学能力、锻炼学生的实践能力也起着非常重要的作用。

本书共分为7个项目,项目一较为系统地讲述了快递的基础知识,项目二介绍了运单的基本知识和运单的填写、粘贴规范,项目三讲述了快递包装的原则和方法,项目四介绍了收派员、输单员、中转员、仓管员和客服5个工作岗位的岗位职责和操作规范,项目五介绍了快递人员的职业形象和标准术语,项目六通过正面案例和反面案例介绍了快递行业的职业道德,项目七讲述了收派件常识和技术运用。

为了实现理论联系实际,每个项目下的任务都安排了课后练习和技能训练。特别是技能训练板块,要求学生结合任务知识点开展技能实训,完成对知识点和技能点的巩固,从而达到较好的学习效果。

本书由沈捷、刘庭翠任主编,汤冬梅、罗嘉欣、蒲稚、李菁任副主编,参与编写的老师还有肖建敏、秦可欣、胡倩、吴文春、陈亮、曾霞、王飞。

本书在编写过程中参考了大量文献资料,在此向这些文献资料的作者深表感谢。由于时间仓促和编者水平有限,书中难免有不足和疏漏之处,敬请各位读者批评指正。

编　者
2021 年 9 月

目　录

目录

项目一 | 基础知识

知识项目

    1.理解快递的定义和性质。

    2.了解快递业务的分类。

    3.了解快递服务的起源和发展。

    4.掌握快递网络及快递传递网络的层次划分。

    5.掌握快递保价的相关知识。

    6.掌握客户开发的方法。

能力项目

    1.能够区分快递与货运、快递与邮政业务。

    2.能够根据客户需求,给客户推荐合理的保价业务。

素质项目

    1.培养爱岗敬业、勇于创新的职业精神。

    2.培养对快递岗位的情感。

教学重点

    1.快递网络。

    2.客户开发的方法。

教学难点

    1.客户开发的方法。

    2.识别潜在的客户。

/任务一/ 快递入门

案例导入

2020年12月21日上午,一箱来自湖北黄冈罗田的土特产,由国内某快递企业承运,于12月22日送到位于湖南长沙的收件人手中。根据国家邮政局中国快递大数据平台实时监测,这件包裹幸运地成为2020年中国第800亿件快件。2020年我国快递业务量自9月10日达到500亿件,此后每月都登上一个百亿级台阶,实现"四连跳",直至突破800亿件大关,又一次创造了中国快递发展史的新纪录。这些数据充分说明在当今互联网时代,社会民众对快递服务的需求是巨大的。

任务执行

1.认识快递与快递服务

快递,又称速递,特快专递的简称,指专门递送时间性特别强的邮件的快速寄递业务。

2008年1月1日开始实施的《中华人民共和国邮政行业标准——快递服务》(YZ/T 0128—2007)中指出:快递服务(express service)是快速收寄、运输、投递单独封装的、有名址的快件或其他不需储存的物品,按承诺时限递送到收件人或指定地点,并获得签收的寄递服务。

2.快递的起源和发展

(1)快递的起源

据史学家研究考证,快递早在我国周代就已经出现了。《秋官司寇》中就有记载,"行夫掌邦国传遽之小事,美恶而无礼者。凡其使也,必以旌节,虽道有难而不时,必达。居于其国,则掌行人之劳辱事焉,使则介之。"这里的"行夫"就是我们现在所说的快递员,这个记载也表明周王朝已经设置了专门管理邮驿和物流的官员。从字面意思大家应该能理解,"行夫"是依靠步行来运送物品的。大家也许觉得步行运送物品的速度慢,但是在古代社会,有靠人运输物品的意识已经很先进了。当时虽然靠步行运送物品比较慢,但是人们规定"虽道有难而不时,必达",这句话的意思就是即使道路艰辛,也要尽快送达。(图1-1)

图 1-1　清朝一票四联的邮票

（2）**快递的发展**

国内快递服务，大致经历了三个发展阶段：

①起步阶段（20 世纪 70 年代末至 20 世纪 90 年代初）。

1978 年我国实行改革开放，推行外向型经济发展模式，国际贸易迅猛发展，需要传递大量与贸易相关的文件。中国第一家快递企业成立于 1979 年。1980 年中国邮政开办全球邮政特快专递（EMS）业务，1984 年开办了国内特快专递业务，1985 年成立了中国速递服务公司，专营国内国际快递业务。

②成长阶段（20 世纪 90 年代初至 21 世纪初）。

中国快递业真正发展是在 20 世纪 90 年代。此时民营快递开始发展：1993 年，顺丰速运和申通快递分别在珠江三角洲、长江三角洲成立；1994 年，宅急送在北京成立，民营快递成为我国快递业的重要组成部分。与此同时，国有企业也纷纷成立快递公司，如中国铁路总公司成立了中铁快运。

③快速发展阶段（21 世纪初至今）。

进入 21 世纪，我国经济呈现快速增长趋势，对外贸易和国内经济形势良好，加上网购需求的爆发式增长，有力地推动了快递业的快速发展。2009 年 10 月 1 日，《快递业务经营许可管理办法》和第一次修订的邮政法同步实施，首次在法律上明确了快递企业的地位。民营快递迅速发展，我国快递业的多元化格局逐步形成。

3.快递服务的基本特点

随着电商行业的不断发展，快递服务也在更新发展，具有服务性、准确性、安全性、时效性、便利性等特点。

（1）**服务性**

人们对快递服务的需求是衍生需求，快递属于第三产业中的服务行业。服务性是快递服务的基本特征，因此服务质量直接决定了快递企业的运营状况。

（2）**准确性**

准确性是快递服务的又一基本特征，要保证快件准确无误地送到收件人手中。没有准确性就无法保证快件的安全性。

（3）安全性

安全性是快递服务的核心价值。快递企业要确保快件能够安全送达指定收件人。

（4）时效性

时效性是信息、物品类传递服务的基本要求。在全球都讲究效率的前提下，时效性更是快递服务的本质要求。快递的实物传递性，决定了在保证准确、安全的前提下，传递速度是快递企业应提供的最重要的服务之一。

（5）便利性

今天电子商务如此发达，快递服务功不可没。当政府部门和民众需要快递服务时，该服务给他们带来了极大的便利，尤其是在偏远山区。

4.快递的分类

快递可以按快件的到达范围、付费方式、服务时限、运输方式进行分类。按不同的标准进行分类，有不同的快递类型，如图1-2所示。

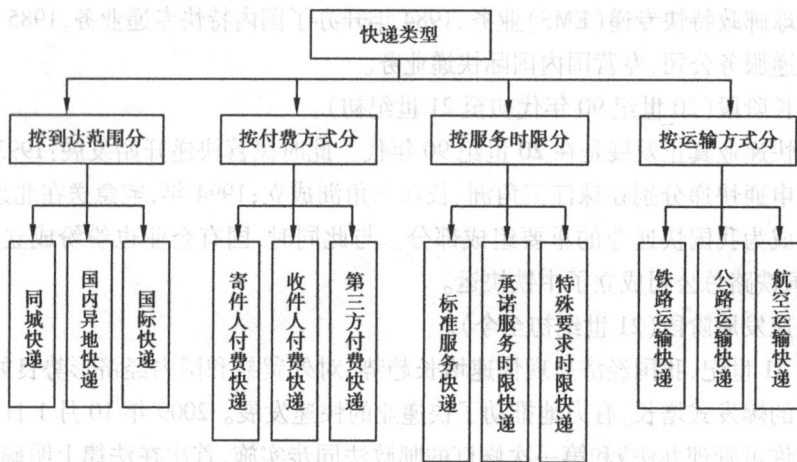

图1-2 快递类型

①按快递到达的范围划分，快递可以分为同城快递、国内异地快递和国际快递。

a.同城快递，就是在同一个城市内发送快递。同城的人们在不能上门自取货物的情况下，请快递公司代劳。这里的同城的概念即快递服务范围，较之往日的同城的概念在范围上扩大了，它以中心局所辖各市、县为范围，在此范围内的邮件称为同城快递邮件。

b.国内异地快递，是指寄件人和收件人分别在中华人民共和国的不同城市的快递服务，递送时间通常为3个工作日内。根据送达时间，其具体可分为"次晨达""次日达"和"隔日达"3种国内限时快递业务。

c.国际快递，是指寄件人和收件人分别在中华人民共和国和其他国家或地区的快递服务,递送时间以快递企业与寄件人约定的服务时间为准。

②按快递的付费方式划分,快递可以分为寄件人付费快递、收件人付费快递和第三方付费快递。

③按服务时限划分,快递可以分为标准服务快递、承诺服务时限快递和特殊要求时限快递。标准服务快递是从揽收快件开始到第一次投递的时间间隔要符合快递服务体系的标准时限要求;承诺时限快递是在承诺的时间内到达,分为当天到达、次日到达和隔日到达;特殊要求时限快递是满足客户个性化的时间要求。

④按运输方式划分,快递可以分为铁路运输快递、公路运输快递和航空运输快递。相比而言,航空运输快递的速度最快,收费也最高。

课后练习

简答题

1.什么是快递服务?快递有哪些特点?

2.国内快递服务经历了哪些发展阶段?有哪些标志性事件?

3.有哪些常见的快递类型?

技能训练

熟悉快递的发展历程,思考古代快递和现代快递有什么区别,利用互联网等渠道查找资料,完成下表的填写。

项　目	古代快递	现代快递
快递类型		
服务对象		
递送的物品		
承载工具		
递送效率		

任务二 快递网络

案例导入

小李在"双十一"期间购买了衣服、化妆品等,四天后顺利收到了购买的物品。她带着好奇心去了解了快件在运送过程中经历的各个环节,了解了快递网络。那么,什么是快递网络呢?快递网络由什么组成呢?

任务执行

快递服务是通过快递网络实现的,快递网络分为快件传递网络和信息传输网络。

1.快件传递网络

快件传递网络是由呼叫中心、收派处理点或营业网点、处理中心、运输线路,按照一定的原则和方式组织起来,并在调度运营中心的指挥下,按照一定的运行规则传递快件的网络系统。

(1)快件传递网络的构成

①呼叫中心。

呼叫中心,也称"客户服务中心",是快递企业普遍使用的提高工作效率的应用系统。主要通过电话、网络系统负责受理客户委托、帮助客户查询快件信息、回答客户有关询问、受理客户投诉等业务工作。

②收派处理点或营业网点。

收派处理点或营业网点是快递企业收寄和派送快件的基层站点,其功能是集散某个城市某一地区的快件,按派送段进行分拣和派送。

收派处理点或营业网点的设置,应依据当地人口密度、居民生活水准、整体经济社会发展水平、交通运输资源状况、公司发展战略等因素来综合考虑。从我国快递企业目前的网点设置情况来看,城市多于农村,东部地区多于中西部地区,经济发达地区多于经济欠发达地区。收派集散点是快件传递网络的末端,担负着直接为客户服务的职责。

③处理中心。

处理中心是快件传递网络的节点,主要负责快件的分拣、封发、中转等任务。快递企业根据自身业务范围及快件流量来设置不同层级的处理中心,并确定其功能。在我国,一般全国性快递企业设置三个层次的处理中心,区域性快递企业设置两个层次的,同城快递企业设置一个层次的。

④运输线路。

运输线路，是指快递运输工具在快件收派处理点、处理中心之间，以及所在地区车站、机场、码头之间，按固定班次和规定路线，进行快件运输的行驶路线。运输线路按所需运输工具可分为航空运输线路、铁路运输线路和公路运输线路。

运输线路和运输工具是保证将快件快速、准确地送达客户的物质基础之一，是实现快件由分散到集中，再到分散的纽带。

⑤调度运营中心。

调度运营中心是控制并保证快递网络按照业务流程设计要求有序运行的指挥中心。它需要按照预订业务运营计划和目标实行统一指挥，合理组织、调度和使用快递网络的人力、物力和财力资源，纠正或排除快件传递过程中出现的偏差和干扰，以确保快递网络迅速、高效地良性运转。

(2)快件传递网络的层次划分

一般而言，全国性快递企业的快件传递网络分为三个层次：大区或省际网、区域或省内网、同城或市内网。

①大区或省际网。

大区或省际网主要承担省际的快件传递任务。它连接各大区或省际处理中心，通过公路、铁路和航空运输，组成一个复合型的高效快递干线运输网络。

②区域或省内网。

区域或省内网是大区或省际网的延伸，与同城或市内网联系密切，在快件传递网络中起着承上启下的作用。区域或省内网以区域或省内处理中心为依托，是通过以汽车、火车运输为主的运输线路，与同其有直接关系的上级、同级及下级处理中心连接构成的。区域或省内网按快件运输的方式，可划分为以公路运输为主的公路网络、以铁路运输为主的铁路网络以及多种运输方式相结合的综合网络。

③同城或市内网。

同城或市内网由同城或市内处理中心与若干收派处理组组成，负责快件的收取、派送、分拣、封发等工作。

同城或市内网的设置，需要更多考虑的是本地的具体因素，比如市政发展规划、土地征用政策、基本建设投资成本、经济发展水平、产业布局、运输条件、人口结构与密度、文化传统特点，以及快件的流向和流量等因素。

2.信息传输网络

在快件传递的过程中，始终伴随着快递相关信息的传输。这些信息包括单个快件运单信息、快件总包信息、总包路由信息，以及快件传递过程中每个节点产生的信息等。传输这些信息的网络被称为信息传输网络。

信息传输网络主要有以下作用：第一，实现了对快件运单、快件总包等信息的实时传递；第二，实现了企业快递信息资源最高限度的综合利用与共享；第三，便于企业运营管理,提高工作效率,规范操作程序,减少人为差错;第四,便于企业为客户提供更优质的服务,包括为客户提供快件查询服务;第五,有利于增强企业竞争力,促进企业可持续发展。

信息传输网络由硬件系统和软件系统两大部分组成。硬件系统主要包括信息采集和处理设备、信息传输线路、信息交换控制与存储设备;软件系统包括计算机操作系统、数据库管理系统和网络管理系统。

课后练习

简答题

1.快递网络由什么组成?

2.调度运营中心在快递网络中起什么作用?

3.快递的信息传输网络主要有什么作用?

技能训练

通过实地、互联网等渠道调研顺丰速运在当地的快递网络,并撰写调研报告。

/任务三/　快件保价

案例导入

青岛消费者吴女士于2015年10月通过某快递企业寄递一块价值6 200欧元(当时1欧元≈7.13元人民币)的手表到成都。在寄递过程中,吴女士几次查询快递进程,同年10月23日网上信息显示该快件依然在南京航空速递物流集散中心;同年12月1日,快递企业告知吴女士快件已经丢失,因未保价只能赔付邮费的3倍共计60元,吴女士对此方案不能接受,要求按照手表的实际价值赔付,但快递企业不同意照此赔偿。此时,吴女士该怎样去维权呢?

任务执行

1.快件保价的概念

快递是一个高风险行业,在快件运输途中,各种状况的发生难以预料。快递服务组织收取低廉的服务费,却要承担巨大的风险。因此,众多快递企业借鉴保价运输的限额赔偿制度,在快递服务合同中加入保价条款来限制自己的责任和降低风险,从责任风险平衡这一点看,保价条款有其存在的合理性。

保价,是指由寄件人声明货物价值,并支付相应比例的保价费用。保价条款是指约定快递服务合同中寄件人在缴纳运费之外,根据声明价值按照一定比例缴纳保价费,从而在货物出现毁损时,在所保价值范围内获得足额赔偿的有关条款。保价条款一般约定为:保价货物发生损失,快递服务组织按照声明价值和损失比例承担赔偿责任,赔偿金额不超过货物的实际损失。

2.快件保价条款的性质和效力

通常,寄件人在交寄快件的同时,填写快递详情单(运单)中的有关内容并签字。快递详情单是寄件人与快递服务组织之间的快递服务合同,一般背书双方的权利义务。根据《中华人民共和国民法典》第四百九十六条的规定,"格式条款是当事人为了重复使用而预先拟定,并在订立合同时未与对方协商的条款",由此可见,快递企业的快递详情单载明的保价条款属于一种典型的格式条款。因为格式条款系单方拟定,限制了当事人的意思自治,格式条款的拟定方可以利用其经济地位、信息资源、法律知识等方面的优势,制定有利于自己而不利于对方的合同条款。所以法律同时对格式条款的效力认定、解释及适用范围做了限制性规定。

《中华人民共和国民法典》第四百九十七条规定,"提供格式条款一方不合理地免除或者减轻其责任、加重对方责任、限制对方主要权利",该格式条款无效。因此,通常只要快递服务组织对保价条款尽到了合理告知义务且寄件人自愿签字确认,该保价条款就合法有效,但出现《中华人民共和国民法典》第五百零六条规定的情形时除外。

第五百零六条合同中的下列免责条款无效:

(一)造成对方人身损害的;

(二)因故意或者重大过失造成对方财产损失的。

3.快件保价的特殊规定

(1)充分尊重当事人的自由意志,坚持私权自治原则

办理快件保价应贯彻自愿原则,办不办理由寄件人自主决定、自由选择是否接受保价服务。

(2)快递服务组织者应尽到合理提醒、说明义务

保价条款属于典型的格式条款,承运人在与托运人订立合同时应尽到合理的提醒、说明义务。快递服务组织须提醒寄件人仔细阅读快递详情单上有关快件保价的相关内容,让寄件人自主选择是否保价,提示寄件人"是""否"一栏必须勾选,如选择"否",应在"声明价值"栏内注明寄递物品的实际价值。

通常情况下,快递企业以背面条款形式告知寄件人保价条款,但会在正面注明

"务请阅读背面条款,签名意味着理解接受背面条款"等。但判断快递企业是否尽到提示和说明义务的依据不能仅限于此,提示必须是以引人注目的特殊字体在显著位置标出,或者另以口头或者书面方式特别提醒对方阅读此免责条款,否则不能认为快递企业履行了保价条款的提示义务。

(3)寄件人如实申报货物价值的义务

寄件人应以不超过货物的实际价值或货物在目的地交付时的实际利益填写声明价值。

(4)寄件人应及时支付保价费

不同快递企业的保价费率差距较大,如顺丰速运规定,声明价值在 1 000 元以上的保价快件,其保价费是声明价值乘以 5‰;申通快递则规定,保价快件的实际价值不超过 2 万元,其保价费是声明价值乘以 2‰。

(5)保价赔偿例外

如寄件人或者收件人在要求赔偿的过程中,有确切证据证明快件的损失、灭失是因为快递服务组织故意或重大过失(包括明知可能造成损失而轻率地作为或者不作为)造成的,赔偿范围不受保价条款的约束,而应按照货物损失的实际价值受偿。

课后练习

判断题

1.在对快件进行保价时,客户物品的声明价值允许超过物品的实际价值。(　　)

2.关于快件保价,快递企业以快件声明价值为限承担快件在处理过程中发生的遗失、损坏、短少等赔偿责任,而不需要承担在收派和运输过程中发生的遗失赔偿责任。

(　　)

3.关于快件保价,对于不易确定和计量实际价值的快件允许办理保价运输,一般设置赔偿的最高限额。

(　　)

技能训练

2009 年 7 月 15 日,某科技公司委托重庆某快递企业将一块价值 25 000 元的控制面板快递至武汉的买方处,并支付了运费 70 元。然而一直到 2009 年 7 月 27 日,武汉的买方仍表示未收到快件。该科技公司询问快递企业,才得知快件已经丢失。之后该科技公司找到快递企业要求赔偿。然而快递企业表示,由于该科技公司在签快递服务合同时未选择保价服务,因此只能在快递费的 5 倍范围内赔偿,给该科技公司造成的其他损失属于免责范围。"这明显和我快递的物品价格相差太大了",该科技公司表示难以接受。2010 年 7 月,该科技公司将快递企业诉至法院,要求法院认定快递企业的免责条款无效,并要求快递企业赔偿损失 25 000 元。在庭审中,快递企业承认快递物品丢失,但辩称,对方无法证明快递的物品系控制面板,而该科技公司在托运时未选择保价,根据合同约定,快递企业只需在快递费的 5 倍范围内赔偿,其他损失可以免责。经法院审查:从快递企业提供的格式合同内容来看,合同中的免责条款提示的文字字号、字体等与合同中的其他条款无明显区别,不易辨认。

请分析:本案快递服务合同中的免责条款是否有效?

/任务四/ 客户开发

案例导入

某快递企业是我国民营快递品牌企业,现拥有员工 5 万余名,并在全国建设了 70 余个转运中心和近万个服务站点,服务范围覆盖我国 34 个省(区、市),为客户提供快递、物流及电子商务等一系列门到门服务,为大客户制订物流解决方案,并形成了到付、贵重物品可送达、同城区域当天件、国内次晨达件、国内次日达件、代收货款等特色服务。该企业为了拓展业务、稳定客源,计划进一步开发客户。

任务执行

快递客户是快递企业提供产品和服务的对象,是快递企业赖以生存和发展的基础,是快递企业的利润之源。

1.客户开发的意义

现在很多快递销售人员在拜访客户的时候显得很盲目,与客户见面后不知道该说什么、该怎样说,简单介绍自己后就极力向客户推销产品,被客户拒绝后便灰心丧气地走了,拜访下家时也没有了激情。对快递销售人员来说,掌握客户开发的方法显得尤为重要。

影响客户使用快递服务行为的主要因素:客户对快递服务的整体印象,快递服务的价格与寄递速度,快递服务的便利性,客户的兴趣和爱好。

2.快递客户调查

(1)快递客户调查概述

①快递客户调查的内容。

快递客户调查的内容主要包括客户的基本情况,所寄物品的价值,客户对速度的要求、对运输价格的要求、对快件安全的要求,客户月均寄件量等,还包括客户对快递物流的需求情况、竞争对手信息和服务情况、客户组织架构和相关人员情况等。调查表示例见下表。

客户名称			地　址		
客户规模			寄件类型		
客户类型			联系人		联系电话
服务要求	快递类型	安全要求	速度要求		价格要求
备　注					

②快递客户的调查途径。

快递客户的调查途径主要有以下四条:

a.通过快递客户所在的行业协会对这类客户进行了解。

b.通过政府报告和新闻媒体了解各类快递客户的信息。

c.直接咨询快递客户企业。

d.通过竞争对手了解快递客户信息。

(2)调查资料的搜集、归档与利用

针对中高端客户、大众客户等不同类型的客户进行资料搜集、归档和分类,便于资料的后期利用。

客户信息的搜集和分析步骤如图 1-3 所示。

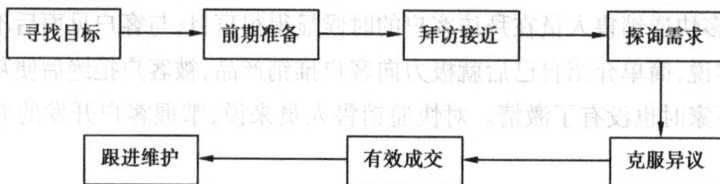

图 1-3　客户信息搜集和分析步骤

(3)建立客户数据库

通过数据库,快递企业可以随时了解客户变动,不断获取新信息,进行原有资料的充实、调整。更为重要的是,客户数据库还带来了营销方式的变化。建立客户数据库应遵循以下原则:

①尽可能将客户的初始资料完整地保存下来。

②应该将获取的客户资料进行区分。

③保证客户数据库的管理安全。

④对客户数据库进行动态维护。

3.快递客户开发的实施

（1）选择客户群体

客户的选择或者说目标客户的定位，是快递客户开发工作的基础。在不同阶段，快递企业选择的客户群是不一样的，在企业发展初期往往先选择中小型客户；企业发展到一定规模时，则将中高端客户群或大客户作为开发对象。

（2）制订客户开发策略

客户开发策略一般有以下3种。

①两步走策略。

两步走策略，指的是对于那些刚接触快递服务的客户，不必固守一步到位的原则，允许客户对快递企业以及快递销售人员有一个认识、接受、欣赏的过程。第一步，在与客户往来的初期，接受与所有客户的交易合作；第二步，与客户多次接触、交易后，与客户从陌生到认识再到熟悉，在时机成熟时逐渐把随机客户转化为忠诚客户。

②亦步亦趋策略。

亦步亦趋策略指的是快递企业采用与某个参照公司相同等级的快递业务，而这个参照公司是其所在行业的市场领先者。行业中的市场领先者所推广的业务必定有其出色之处，应是快递销售人员需要学习的。

③逆向拉动策略。

逆向拉动策略指的是从有需求的客户开始，通过高效、优质的快递服务实现更高的客户满意度，通过良好的客户口碑拉动客户周围群体的策略。一般情况下，实力强的快递企业适合采用这一策略。

（3）制订客户开发计划的原则

在开发客户之前，要确定开发对象的范围，也就是要进行市场细分，提高寻找潜在客户的效率，确保细分后的市场对企业有用。制订开发计划应遵循以下原则。

①实用性。

快递客户开发计划必须保证实用性。为使客户开发计划具有实用性，必须围绕经营目标确定工作方针，根据方针来制订快递客户的开发方法。

②创新性。

随着经济社会的发展，客户对快递服务的要求不断提升，快递市场的竞争态势不断变化，快递企业营销人员开发客户的难度也在不断增加，制订客户开发计划要适应新形势变化的需要，不断创新，与时俱进。

③效益性。

企业所选定的快递市场的规模必须能使企业获得更多利益。如果细分的快递市场的规模很小,不能给企业带来足够的经济利益,一般就不值得细分和开发。

课后练习

(一)选择题

1.下列不属于影响客户使用快递服务行为的主要因素的是(   )。

A.客户对快递服务的整体印象

B.快递服务的价格与寄递速度

C.快递服务的便利性

D.快递员的形象

2.以下不属于快递客户的调查途径的是(   )。

A.通过快递客户所在的行业协会对这类客户进行了解

B.通过政府报告和新闻媒体了解各类快递客户的信息

C.直接咨询快递客户企业

D.通过社区了解快递客户信息

(二)简答题

1.客户开发的策略有哪些?

2.制订客户开发计划应遵循哪些原则?

技能训练

某快递企业想把某电子商务平台作为长期合作对象,请以3~4人为一组,为该快递企业制订详细的客户开发计划。

项目二 | 运　单

知识项目

1.了解运单的概念。

2.了解运单的组成和分类。

3.熟悉运单各联的功能。

4.了解运单填写不规范带来的问题。

5.掌握运单的填写规范。

6.熟悉运单的粘贴方法。

能力项目

1.会熟练规范地填写运单。

2.会熟练地粘贴运单。

素质项目

1.培养爱岗敬业、操作规范的职业素养。

2.培养对快递行业的情感。

教学重点

1.运单各联的功能。

2.运单的填写规范。

3.运单的粘贴方法。

教学难点

运单的填写规范。

/任务一/ 运单概述

案例导入

小王在毕业前夕来到国内某快递企业实习,主要负责该快递企业在某学校设立的收寄处理点的快件收寄工作,这份工作的工作职责之一就是指导客户填写运单,完成快件的寄送等。那么,什么是运单? 运单有哪些种类,有什么功能呢?

任务执行

1.什么是运单

运单,即快递详情单,是快递企业与寄件人之间关于快递运输事宜的"一次性"书面契约,是快递运输期间的合同凭证,是快递企业接受快件并在快件运输期间负责保管和据以交付的凭据,也是寄件人接受并遵守快递运输条款的凭证。快递企业和寄件人双方均受法律保护。寄件人在寄送快递时,必须按规定填写运单,有特殊运输要求的应在运单的备注栏中签注,运单经寄件人和承运方签认后,快递服务合同即告订立。

运单上的信息必须填写准确和规范,这样才能保证快件准确、快速地完成分拣和运输,才能准确、快速地送到收件人手中。

2.运单的组成

运单由寄递信息和契约条款两部分组成。

寄递信息是寄件人在寄送快件时填写的详细信息,主要包括运单号,快件的名称、包装、各项费用和金额,起运地和目的地,寄件人信息与收件人信息,承运和到达日期及其他有关快递运输的事项。为了实现信息化管理,每一个运单都有一个条形码,通过扫描条形码,可方便地查询快件在运输途中的情况。

契约条款明确了寄件人与快递企业的权利和义务,主要包括理赔规则、保价服务条款、客户违约赔偿责任、费用的约定等。契约条款由快递企业和寄件人共同遵守,具有法律效力。

3.运单的分类

按运单填写方式,运单可以分为手写运单和电子运单。手写运单是按传统的方式由寄件人或代理人手动填写运单信息,如图 2-1 所示。电子运单是随着信息技术的发展而产生的一种由寄件人或代理人通过网络填写运单信息,由承运方打印的运单,如图 2-2 所示。

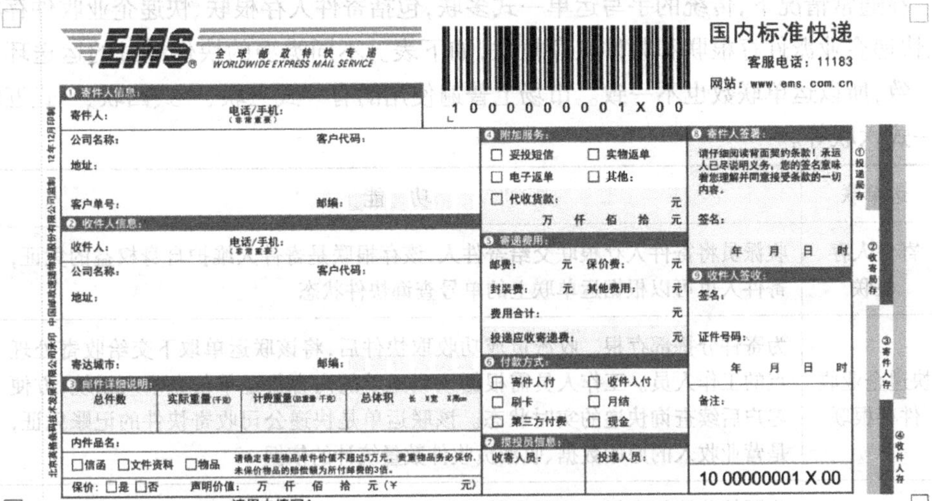

图 2-1 手写运单

图 2-2 电子运单

4.运单联

在通常情况下,传统的手写运单一式多联,包括寄件人存根联、快递企业收件存根联、快递企业派件存根联和收件人存根联,如下表。不同类型的快件经过的运送环节不一致,所以运单联数也不一致。市场上普遍使用的有一式三联、一式四联、一式五联和一式六联等。

运单联	功　能
寄件人存根联	收派员将寄件人存根联交给寄件人,该存根联是寄件人维护自身权益的凭证,寄件人也可以根据运单联上的单号查询快件状态
快递企业收件存根联	为寄件分拣部存根。收派员成功收取快件后,将该联运单取下交给收寄处理点的工作人员。工作人员需根据该联运单的内容将运单信息录入系统,方便客户后续查询快递的实时状态。该联运单是快递公司收寄快件的记账凭证,是营业收入的原始数据、收派员收件数量统计的依据
快递企业派件存根联	为派件分拣部存根。该联运单随快件一起寄出,当快件到达目的地派送成功后,收派员将该联运单取下交给收寄处理点的工作人员。该联运单是收件人核收快件的依据,也是收派员统计派送件数和派送营业收入的依据
收件人存根联	成功送达快件后,收派员将收件人存根联交给收件人保存。该存根联是收件人签收快件的证明,是快件出现问题时收件人进行投诉和理赔的依据,若快件是到付件,它还是快递企业收取到付费用及记账款的依据
其他运单联	各快递企业根据不同类型快递的实际需求设计的用于其他用途的运单联

任务二　运单的填写和粘贴

案例导入

小王在实习期间指导客户完成快递的寄送,其中一个主要步骤是填写运单。那么,应如何规范地填写运单呢?

任务执行

1.运单填写不规范带来的问题

运单填写的规范程度直接决定了快递的寄送效率和快递企业的业务结算效率,运单上的寄件人信息、收件人信息、邮件详细说明、附加服务、寄递费用、付款方式、揽投员信息、寄件人签署、收件人签收等内容都容易出现填写不规范的情况。运单信息填写不规范会带来一系列问题,如下表。

填写内容	运单填写不规范带来的问题
寄件人信息	①无法录入完整的运单信息和客户信息 ②影响客服正常查询
收件人信息	①影响快件正常派送 ②影响客服正常查询 ③影响手持终端与扫描枪的正常操作 ④影响自动化、半自动化分拣基础数据的准确性
计费重量	①导致错误计算运费 ②导致系统中的运费信息错误 ③影响财务部门收缴营业散单的款项及月结款 ④增加其他岗位人员的核对工作量 ⑤影响企业形象
寄递费用	①影响财务部门收缴营业散单的款项及月结款 ②增加其他岗位人员的核对工作量 ③影响企业形象 ④增加了交叉验证报表的内容
付款方式	①影响费用结算 ②影响财务结算
揽投员信息	①影响快件跟踪 ②影响快件查询
寄件人签署	①影响企业的声誉 ②影响客服正常查询 ③影响理赔事宜
收件人签收	①影响企业的声誉 ②影响客服正常查询 ③影响理赔事宜 ④影响信息的准确录入

2.运单填写规范

(1)运单填写的总体要求

①运单的每一联填写的信息要保持一致,内容要填写规范、完整。

②使用蓝黑色笔书写,禁止使用铅笔或红色笔书写。

③填写运单信息要字迹工整、刚劲有力,保证最后一联的字迹可清晰辨认,字迹不宜潦草,不得使用汉语拼音、同音字或不规范的简化字代替规范文字。

④不得出现"机密""绝密"以及部队番号、代号和暗语等。

（2）运单填写的具体要求

我们以 EMS 国内标准快递运单为例来说明运单填写的具体要求。EMS 国内标准快递运单上包括寄件人信息、收件人信息、邮件详细说明、附加服务、寄递费用、付款方式、揽投员信息、寄件人签署、收件人签收和备注等内容,如图 2-3 所示。

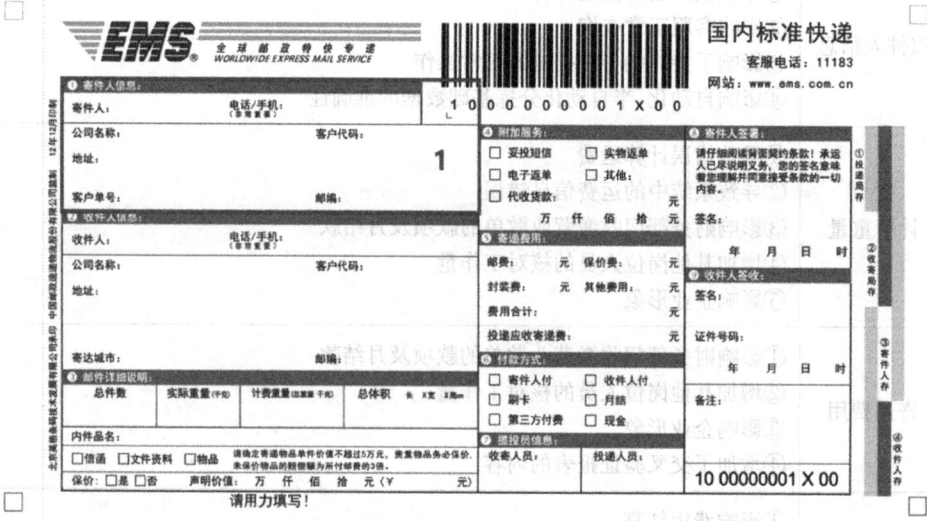

图 2-3　EMS 运单

①寄件人信息。

寄件人信息栏包括寄件人（姓名）、电话/手机、公司名称、客户代码、地址、客户单号和邮编。填写规范如下表。

内　容	填写规范
寄件人	填写寄件人全名,字迹工整,不得简写
电话/手机	填写寄件人的固定电话或手机号码,保证可以联络到寄件人
公司名称	填写寄件人所属公司全称,如为个人寄件则该栏可留白
客户代码	填写寄件人的客户唯一标识——客户代码,月结客户的客户代码填写月结账号;如为个人寄件无法确认寄件人的客户代码则该栏可留白
地　址	填写寄件人单位或居所的详细地址,引导寄件人填写详细的区划、街道、门牌、小区、楼栋等信息
邮　编	填写寄件人所在城市的邮政编码

②收件人信息。

收件人信息栏主要包括收件人(姓名)、电话/手机、公司名称、客户代码、地址、寄达城市和邮编。填写规范如下表。

内 容	填写规范
收件人	填写收件人全名,字迹工整,不得简写
电话/手机	填写收件人的固定电话或手机号码,必须保证派送快件时可以联络到收件人
公司名称	填写收件人所属公司全称,如为个人收件则该栏可留白
客户代码	填写收件人的客户唯一标识——客户代码,如无法确认收件人的客户代码则该栏可留白
地 址	填写收件人单位或居所的详细地址,引导寄件人填写详细的区划、街道、门牌、小区、楼栋等信息
寄达城市	填写收件人所在城市,如北京、上海、重庆
邮 编	填写收件人所在城市的邮政编码

③邮件详细说明。

邮件详细说明栏主要包括总件数、实际重量、计费重量、总体积、内件品名、保价、声明价值,此栏由收寄人员填写。填写规范如下表。

内 容	填写规范
总件数	填写快件的总件数
实际重量	填写快件的实际重量
计费重量	填写跨地的计费重量,计费重量=实际重量-首重重量,首重重量收费标准是快递企业根据不同目的地设立的,一般首重重量是 1 kg
总体积	填写快件的总体积
内件品名	填写快件的内件品名,不得寄送禁寄物品
保 价	如果寄件人选择保价,则勾选"是"选项,否则勾选"否"选项
声明价值	如果勾选"是"选项,就填写声明价值,否则此栏不填写

④附加服务。

附加服务栏主要包括妥投短信、实物返单、电子返单、代收货款和其他,当寄件人需要选择上述服务时在对应的方框画"√"。填写规范如下表。

内　容	填写规范
妥投短信	当寄件人需要妥投短信服务时勾选
实物返单	当寄件人需要实物返单服务时勾选
电子返单	当寄件人需要电子返单服务时勾选
代收货款	当寄件人需要代收货款服务时勾选
其　他	当寄件人需要其他服务时勾选

⑤寄递费用。

寄递费用栏主要包括邮费、保价费、封装费、其他费用、费用合计和投递应收寄递费,本栏由收寄人员填写。填写规范如下表。

内　容	填写规范
邮　费	填写实际邮费金额
保价费	当寄件人选择保价时填写保价费金额
封装费	当快件有封装费时填写封装费金额
其他费用	当快件有其他费用时填写其他费用金额
费用合计	填写邮费、保价费、封装费和其他费用的总额
投递应收寄递费	当快件需要保管时,根据保管时长填写寄递费金额

⑥付款方式。

付款方式栏主要包括寄件人付、收件人付、刷卡、月结、第三方付费、现金,由收寄人员根据寄件人选择的结算方式在对应的方框画"√"。填写规范如下表。

内　容	填写规范
寄件人付	当寄件人选择寄件人付款时勾选
收件人付	当寄件人选择收件人付款时勾选
刷　卡	当寄件人选择刷卡付款时勾选
月　结	当寄件人为月结客户时勾选

续表

内　容	填写规范
第三方付费	当寄件人选择第三方付款时勾选
现　金	当寄件人选择现金付款时勾选

⑦揽投员信息。

揽投员信息栏包括收寄人员和投递人员签名。填写规范如下表。

内　容	填写规范
收寄人员	由快递企业收寄人员收寄件时填写,以正楷体签名,不得字迹潦草
投递人员	由快递企业投递人员派件时填写,以正楷体签名,不得字迹潦草

⑧寄件人签署。

寄件人签署栏主要包括对寄件人仔细阅读运单背面契约条款的提示,寄件人签名和日期(年、月、日、时)。填写规范如下表。

内　容	填写规范
阅读提示	此内容提醒寄件人仔细阅读运单背面的契约条款,明确快递企业和寄件人的权利和义务,此栏不需要填写
签　名	寄件人确认寄递信息无误并接受契约条款时,以正楷体签上寄件人的姓名
日　期	填写寄件时间

⑨收件人签收。

收件人签收栏主要包括签名、证件号码和日期(年、月、日、时)。填写规范如下表。

内　容	填写规范
签　名	收件人确认收件成功后,以正楷体签上收件人的姓名
证件号码	填写收件人的身份证号码
日　期	填写签收时间

3.运单的粘贴

粘贴快递运单时,要遵循安全牢固、醒目平整、便于分拣的原则,运单的粘贴位置、粘贴方法都有明确的操作要求。

(1)运单的粘贴位置

为了满足快件表面美观大方的要求,应将运单粘贴在快件外包装最大面上的醒目位置,且粘贴时应尽量避开骑缝线,如图2-4所示。

图2-4　运单粘贴在快件外包装的醒目位置

(2)运单粘贴方法

运单务必粘贴牢固,以免在快件运输过程中掉落。目前使用较为普遍的粘贴方式有不干胶粘贴和透明运单袋粘贴两种,如图2-5、图2-6所示。

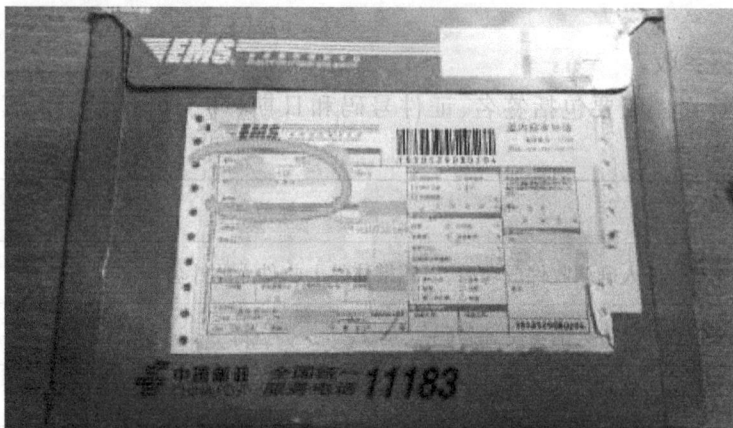

图2-5　用不干胶粘贴的运单

（3）运单粘贴注意事项

①使用不干胶粘贴运单时，应尽量避开骑缝线，以免骑缝线裂开导致运单破损或脱落。

图 2-6　透明运单袋

②运单应粘贴在快件表面的最大平整面，保持运单平整，运单不能出现褶皱、折叠等。

③使用不干胶粘贴运单时，不得使用有颜色或带文字的非透明或半透明胶纸，以免覆盖运单信息。

④运单不能出现错贴情况，运单信息与内件要一致，以免寄错地址。

（4）不规则形状快件的运单粘贴

①圆柱形快件。

如果快件的圆柱底面足以平铺粘贴运单，可将运单粘贴在圆柱底面；如果快件的圆柱底面不足以平铺粘贴运单，可将运单环绕圆柱体粘贴，为了粘贴得更加牢固，可在运单上加贴透明胶纸，确保运单不会顺着圆柱体滑落。

②锥形快件。

对体积较大的锥形快件，可选择在其能完整平铺粘贴运单的最大侧面上粘贴运单。对体积较小的锥形快件，如果单个侧面无法平整粘贴运单，可将运单粘贴在相邻两个侧面，但运单条码必须保证在同一个侧面。

③小物品快件。

快件的体积特别小，其表面不足以粘贴运单。为了保证这类小型快件的安全，建议将快件装在较大的纸箱或者防水袋中，将运单粘贴在外包装表面。

④特殊包装快件。

特殊包装的运单粘贴要根据实际包装情况进行，但是均要满足两点要求：运单条码不得被覆盖,运单条码不得有褶皱。

课后练习

(一)选择题

1.运单是一种(　　　)。

A.格式合同　　　　　B.有名合同　　　　　C.单务合同　　　　　D.实践性合同

2.下列对运单的填写要求和规范表述错误的是(　　　)。

A.书写要求有力,字迹工整

B.运单内容要填写规范、完整

C.对于"机密""绝密"的快件要在运单上注明

D.国内快件运单禁止使用铅笔或红色笔书写

(二)判断题

1.粘贴运单应尽量避开骑缝线,应粘贴在快件表面的最大平整面,避免运单出现褶皱等。　　　　　　　　　　　　　　　　　　　　　　　　　　　(　　　)

2.填写运单内容时,收件人地址可以不写。　　　　　　　　　　　　(　　　)

技能训练

以 3~4 人为一组,在校内快递服务点指导寄件人填写快递运单,把填好的快递运单拍照或扫描提交,并分组撰写快递运单填写实训报告。

项目三｜包　装

知识项目

1.掌握快件包装的原则。

2.了解常见的包装材料。

3.掌握快件的包装方法和标准。

能力项目

1.会根据不同类型的快件选择合适的包装材料。

2.会对不同类型的快件进行合理规范的包装。

素质项目

1.培养爱岗敬业的职业素养。

2.培养良好的专业行为规范。

教学重点

1.快件包装的原则。

2.快件的包装方法和标准。

教学难点

快件的包装方法和标准。

任务一 包装原则

案例导入

樊女士在网上买了一个水壶,收到时快件包装破裂,里面的水壶有一些擦损,但能正常使用。快递企业包装不符合要求导致快件损坏的情况,快递企业要承担一定责任。对快件进行包装时,要遵循哪些原则呢?

任务执行

1.包装原则

为了保证货物在运输过程中的安全,减少货物破损和丢失情况的发生,提高货物包装质量,从而最高限度地减少快件在托运过程中的破损,快件在包装时须遵循以下原则。

(1)坚固完好原则

良好的包装是为了防止在运输过程中货物因摆放、摩擦、震荡而破损、漏失,伤害操作人员或污染运输设备、地面设备及其他物品,或因气压、气温变化而受潮、变质。

(2)便于装卸原则

快件包装除应适合货物的性质、状态和重量外,还要整洁、干燥、没有异味和油渍;包装外表面不能有突出的钉、钩、刺等,便于搬运、装卸和摆放。

(3)包装适度原则

包装货物时,应根据货物的尺寸、重量、运输特性选用合适的包装箱及填充物,尽量避免因包装材料不足造成货物在运输途中受损。

(4)包装密实原则

快件外包装应与货物的保护物料、缓冲物料及内容物成为一体;如内容物有多个,内容物与外包装内壁之间不应有摩擦、碰撞、挤压,晃动快件时不应发出声音。

(5)易碎品防护原则

对于陶瓷、玻璃制品、特殊工艺品等易碎品,须在包装内部周围加垫防震材料,每件易碎品须单独使用泡沫或气泡膜等防震材料进行包装。

2.包装物料

在给快件进行包装时,会用到包装袋、纸箱、文件袋、胶纸、缓冲材料、木箱等包装物料,不同类型的包装物料有不同的作用和适用场景。这些物料可以分为外包装物料、缓冲物料和加固物料,如图 3-1 所示。

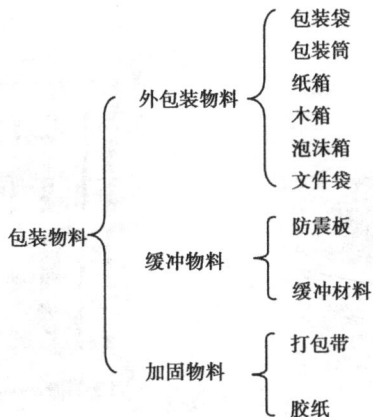

图 3-1　包装物料的分类

（1）包装袋

包装袋适用于不易破碎和抗压类快件,为了保证快件内的物品在运输过程中不被看见,包装袋一般为不透明塑料袋,包装袋的封口一般为一次性黏胶,密封后包装袋能防水,如图 3-2 所示。

（2）包装筒

包装筒是圆柱形的包装物料,适用于不可折叠和不可挤压的快件,如地图、图画作品、墙纸等,包装筒的材质有 PVC、塑料、纸等多种,如图 3-3 所示。

图 3-2　包装袋

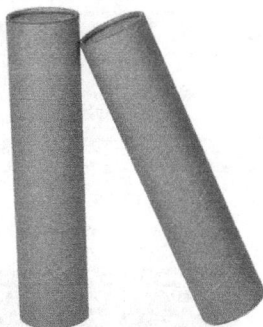

图 3-3　包装筒

（3）纸箱

纸箱是寄快件时最常用的一种包装物料,适用于规则快件。要根据快件的重量和尺寸来选择合适的纸箱,以确保快件的运输安全,如图3-4所示。

(4)木箱

木箱主要适用于较大型的易碎物品、精密仪器、贵重物品和不抗压物品的包装运输。木箱由木板钉制而成,要根据快件安全运输的需要来选择木板的规格和打包结构,如图3-5所示。

图3-4 纸箱   图3-5 木箱

(5)泡沫箱

泡沫箱适用于果蔬等生鲜物品的包装,由泡沫压制而成,具有一定的保温、减震功能,如图3-6所示。

(6)文件袋

寄送单据或文件类纸质快件时可选择文件袋包装。文件袋用硬纸板做成,有一次性自粘封口,如图3-7所示。为了防止快件被雨水打湿,文件袋表面刷了一层防水油,可以有效防止文件袋被细密的雨水渗透。

图3-6 泡沫箱   图3-7 文件袋

（7）防震板

防震板适用于易碎物品的运输。当快件受到震荡或者坠落至地面时,防震板有缓冲、防震的作用,能有效保护快件。防震板内有填充物料,材质一般有泡沫、珍珠棉,如图 3-8 所示。

（8）缓冲材料

缓冲材料适用于易碎类快件的包装,具有防震、防摔功能,通常有泡沫缓冲物料、气泡膜（图 3-9）、海绵、充气袋、碎布片、废旧纸张等,能有效减轻快件在运输过程中遭受的碰撞和挤压损伤。

图 3-8 防震板

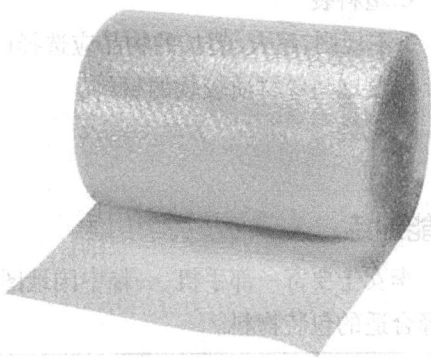

图 3-9 气泡膜

（9）打包带

打包带用于体积较大的用木箱、纸箱包装的快件,如图 3-10 所示。封箱后用打包带再次捆扎进行二次加固,以更好地保护快件。

（10）胶纸

胶纸是常见的快件包装物料之一,可用于纸箱、泡沫箱等封口,如图 3-11 所示。胶纸分为透明胶纸和不透明胶纸,有些胶纸上面还印有快递企业的标志。

图 3-10 打包带

图 3-11 胶纸

课后练习

选择题

1.( )不是快件包装的原则。

A.适合运输原则   B.便于装卸原则

C.包装适度原则   D.美观大方原则

2.质脆易碎品应选择( )进行包装。

A.文件袋   B.加缓冲材料

C.塑料袋   D.材质较软的包装物料

3.不规则、超大、超长的物品应选择( )进行包装。

A.气泡垫等材质较软的材料   B.纸箱

C.麻袋   D.塑料袋

技能训练

李女士要寄一部手机、一幅中国地图和一件羽绒服。以 3~4 人为一组,给李女士选择合适的包装物料。

快 件	物料类型	物料名称
手机	外包装物料	
	缓冲物料	
	加固物料	
	其他	
中国地图	外包装物料	
	缓冲物料	
	加固物料	
	其他	
羽绒服	外包装物料	
	缓冲物料	
	加固物料	
	其他	

/任务二/　包装方法

案例导入

市民李先生在自己家附近一家快递企业网点邮寄一个电磁炉到南京,寄出一个星期后在网上查询到快件已经抵达南京三天,但收件人迟迟没收到。之后,他查询得知,原来包裹出现了破损,所以快件迟迟没有送达。等待处理期间,利用去南京出差的机会,李先生找到了自己的快件,发现里面的电磁炉台面已经粉碎,无法再正常使用,因此他向快递企业提出赔偿。请问,电磁炉这样的快件该如何进行包装呢?

任务执行

包装方法和标准

为了更好地保护物品,使快件能顺利投递到收件人手中,针对不同类型的快件物品制定了不同的包装方法和标准,见以下表格。

不同类型的快件物品包装方法和标准(一)

质　量	物　品		
	五金配件、纽扣等 易散落物品	服装、被褥、羽绒 制品、毛线、布匹等	质脆、易碎快件如 玻璃灯饰、陶瓷制品
1 kg	以胶袋聚集,外用纸箱,内加填充物;托寄物数量极少,只有几个或十几个,且体积小于 0.04 m³,可用纸质文件信封或防水胶袋作外包装	外用布袋、麻袋、纸箱,纸箱外需加套编织袋并采取防潮措施	多层填充包装、悬吊式包装、防倒置包装;填充泡沫,其他衬垫,使用材质坚固的纸箱、木箱或其他包装
1~3 kg	以胶袋聚集,外用纸箱或铁箱。内加填充物,纸箱外加编织袋	外用布袋、麻袋、纸箱,纸箱外需加套编织袋并采取防潮措施	多层填充包装、悬吊式包装、防倒置包装;填充泡沫,其他衬垫,使用材质坚固的纸箱、木箱或其他包装

续表

质 量	物 品		
	五金配件、纽扣等易散落物品	服装、被褥、羽绒制品、毛线、布匹等	质脆、易碎快件如玻璃灯饰、陶瓷制品
3.5~5 kg	以胶袋聚集,外用纸箱,内加填充物,纸箱需用打包带	外用布袋、麻袋、纸袋,纸箱外需加套编织袋并采取防潮措施	多层填充包装、悬吊式包装、防倒置包装;填充泡沫、其他衬垫,使用材质坚固的纸箱、木箱或其他包装
5.5~10 kg	以胶袋聚集,外用纸箱或铁箱。内加填充物,纸箱外加编织袋	外用布袋、麻袋、纸袋,纸箱外需加套编织袋并采取防潮措施	多层填充包装、悬吊式包装、防倒置包装;填充泡沫、其他衬垫,使用材质坚固的纸箱、木箱或其他包装
10.5~30 kg	以胶袋聚集,外用纸箱或铁箱,内加填充物;纸箱外加编织袋,须使用打包带呈"艹"字形打两道	外用布袋、麻袋、纸袋;纸箱外需加套编织袋并采取防潮措施,须使用打包带呈"艹"字形打两道	多层填充包装、悬吊式包装、防倒置包装;填充泡沫、其他衬垫,使用材质坚固的纸箱、木箱或其他包装
30 kg 以上	木箱	外用布袋、麻袋、纸袋;纸箱外需加套编织袋并采取防潮措施,须使用打包带呈"艹"字形打两道	多层填充包装,悬吊式包装、防倒置包装;填充泡沫、其他衬垫,使用材质坚固的纸箱、木箱或其他包装

不同类型的快件物品包装方法和标准(二)

质 量	物 品		
	不规则、超大、超长物品	精密产品、仪器仪表等重质物品	大圆柱形物品,如布匹、皮料
1 kg	细长件尽可能加固后运输,装车时应置于车厢一侧		
1~3 kg	细长件尽可能加固后运输,装车时应置于车厢一侧		

质　量	物　品		
	不规则、超大、超长物品	精密产品、仪器仪表等重质物品	大圆柱形物品，如布匹、皮料
3.5~5 kg	细长件尽可能加固后运输，装车时应置于车厢一侧	纸箱或全木箱，内加填充物，纸箱外加打包带并采取防潮措施	可使用透明包装
5.5~10 kg	细长件尽可能加固后运输，装车时应置于车厢一侧	纸箱或全木箱，内加填充物，纸箱外加打包带并采取防潮措施	可使用透明包装
10.5~30 kg	细长件尽可能加固后运输，装车时应置于车厢一侧	纸箱或全木箱，内加填充物，纸箱外加打包带并采取防潮措施	可使用透明包装
30 kg 以上	细长件尽可能加固后运输，装车时应置于车厢一侧	全木箱，内加填充物并采取防潮措施	可使用透明包装

不同类型的快件物品包装方法和标准（三）

质　量	物　品		
	液体快件（包括轴承、轴承内钢珠等会渗油的物品）	时令特产类物品，如水果、大闸蟹、月饼等	文件、目录、样品、画册等
1 kg	仅限全程使用陆路运输的非危险性物品。箱内应使用衬垫和吸附性材料填实	必须采用有保护作用的包装，如条筐、竹笼等，内装快件及衬垫，物品不得漏出	厚度在 0.3 cm 或页数在10 页以内，或具有复印功能的物品，用纸质文件信封进行包装。不在以上范围的不易破碎、抗压类的书刊及其他样品等托寄物应选择防水胶袋包装
1~3 kg	仅限全程使用陆路运输的非危险性物品。箱内应使用衬垫和吸附性材料填实	必须采用有保护作用的包装，如条筐、竹笼等，内装快件及衬垫，物品不得漏出	防水胶袋或纸箱包装
3.5~5 kg	仅限全程使用陆路运输的非危险性物品。箱内应使用衬垫和吸附性材料填实	必须采用有保护作用的包装，如条筐、竹笼等，内装快件及衬垫，物品不得漏出	纸箱包装，须使用打包带固定

续表

质量	物品		
	液体快件(包括轴承、轴承内钢珠等会渗油的物品)	时令特产类物品,如水果,大闸蟹、月饼等	文件、目录、样品、画册等
5.5~10 kg	仅限全程使用陆路运输的非危险性物品。箱内应使用衬垫和吸附性材料填实	必须采用有保护作用的包装,如条筐、竹笼等,内装快件及衬垫,物品不得漏出	纸箱包装,须使用打包带固定
10.5~30 kg		必须采用有保护作用的包装,如条筐、竹笼等,内装快件及衬垫,物品不得漏出	纸箱包装,须使用打包带呈"艹"字形打两道
30 kg以上		必须采用有保护作用的包装,如条筐、竹笼等,内装快件及衬垫,物品不得漏出	

课后练习

(一)选择题

1.30 kg 以上的精密产品、仪器仪表等物品适合采用下列哪种包装?(   )

A.外用布袋   B.全木箱   C.透明包装   D.纸箱

2.时令特产类物品不适合采用下列哪种包装?(   )

A.条筐   B.竹笼   C.透明包装   D.纸箱

(二)简答题

1.简述文件、目录、样品等物品的包装方法和标准。

2.简述服装、布匹类物品的包装方法和标准。

技能训练

吴先生在公司的一次年会抽奖环节中抽中一台 50 英寸(1 英寸=2.54 厘米)的曲面彩色电视机。他想把这台电视机快递回老家,于是联系了某快递企业上门收件。收派员观察了一下电视机,考虑到运输途中的风险,提出内层用纸箱加防震填充物包装、外层用定制木箱包装的建议。假如你是一名专业的收派员,该如何帮助吴先生解决运输电视的安全问题?

项目四 | 走进岗位

知识项目

1.了解收派员、输单员、中转员、仓管员和客服的岗位职责。
2.掌握收派员、输单员、中转员、仓管员和客服的工作标准。
3.掌握收派员、输单员、中转员、仓管员和客服的操作规范。

能力项目

1.熟练完成快件的收派工作。
2.熟练完成输单工作。
3.懂得中转员、仓管员和客服的业务工作。

素质项目

1.培养爱岗敬业、规范操作的职业素养。
2.培养对快递岗位的情感。

教学重点

1.收派员、输单员、中转员、仓管员和客服的工作标准。
2.收派员、输单员、中转员、仓管员和客服的操作规范。

教学难点

1.收派员、输单员、中转员、仓管员和客服的工作标准。
2.收派员、输单员、中转员、仓管员和客服的操作规范。

任务一 收派员

案例导入

据统计,某快递企业上海中转站的员工以农民工为主(不包括实习生),近80%的操作工只有小学文凭,其余员工大都集中在初中学历。对大多数操作工而言,快件的转运只是进行快件的搬运、分拣和扫描等操作的过程,忽视了快件转运的意义是实现快件安全、准确和及时中转运输。另外,该企业对快件操作员工的培训局限于对快件操作的训练,而缺少关于工作的责任心和使命感的培养。因此,抛、扔、丢快件的现象屡禁不止。而中转站的工作量比较大,加之快递行业有大量夜间快件需操作的特点,使得员工对工作的满意度大大下降,导致员工的离职率上升,流动性增大。

该案例中,上述快递企业该如何对员工进行培训?要注意哪些操作规范呢?

任务执行

收派员是快递企业业务员的具体定性的称呼。由于一些第三方及第四方物流公司日渐成熟,快递企业为了提高快件的收送时效,会安排一些单独送快递、单独收快递的业务员,有时收送结合,所以快递企业业务员渐渐演化为收派员(收送又叫收派)。收派员是快递企业的一线工作人员,是整个快件从收发到派送的过程中第一个和最后一个接触快件的人员,也是直接跟客户打交道的人员,他们的工作极其重要。

1.收派员的岗位职责

(1)收派员的岗位职责

①认真执行公司各项规章制度和标准化操作流程。

②在规定的时间内,安全、快捷、准确地完成日常收派工作。

③确定客户快件不受损失,确保公司利益不受侵害。

④妥善处理客户提出的要求,维护公司在客户心目中的形象。

⑤负责及时派送月结客户对账清单和发票。

⑥负责及时回收月结款项,并在规定时间内上缴财务入账。

⑦负责及时准确地将现结、应收、代收等款项交予财务。

⑧负责所辖区域内客户的开发和维护。

（2）收派员的任职要求

①身体健康,品貌端正,无不良嗜好,体力充沛,能吃苦耐劳。

②有一定的阅读能力、计算能力、逻辑思维能力。

③富有工作激情,具有强烈的敬业精神及良好的道德品质。

④具有较强的语言沟通能力及良好的团队协作精神。

⑤性格开朗、外向,工作主动、积极,有较强的学习能力。

⑥需要驾驶摩托车或汽车者,要求相关手续齐全,应有机动车驾驶证、机动车行驶证。

2.收派员工作流程

（1）取件流程

取件流程如图 4-1 所示。

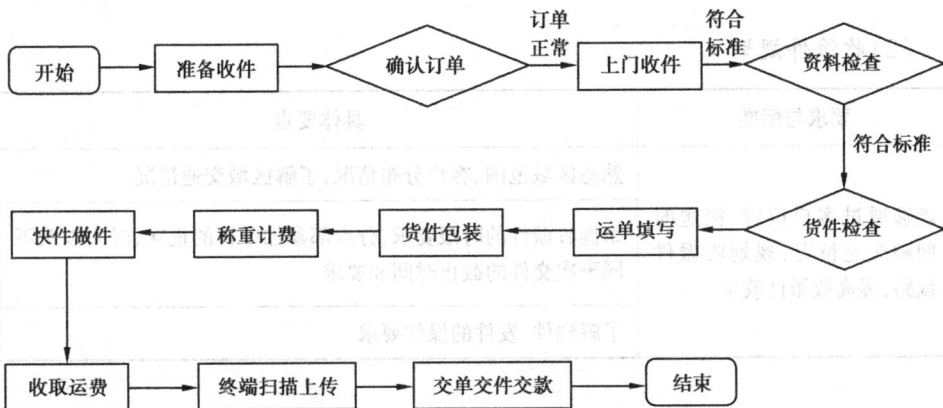

图 4-1　取件流程

（2）派件流程

派件流程如图 4-2 所示。

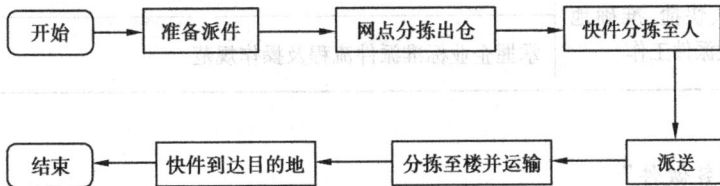

图 4-2　派件流程

3.收派员的工作要求与标准

收派员的工作主要包括场地设备、收派件规划、收派流程、"包装做件"、安全防范、异常处理、款项回收、产品知识、市场营销和客户服务等内容。

(1)场地设备

要求与标准	具体要点
熟练使用岗位的各种操作工具,做到定期维护设备安全	熟练使用和维护手持终端
	能够准确称取快件重量、测量快件体积
	熟练使用打包机
	能够安全使用和维护交通工具
	熟练使用消防器材
	了解常用物料及其发放要求,熟练使用工具包,保持工具包整洁、物料充足、摆放在对应位置,熟练取放工具和物料,保持现场整洁

(2)收派件规划

要求与标准	具体要点
能够通过客户位置、派送时间和交通情况,规划收派件线路,提高收派件效率	熟悉区域范围、客户分布情况,了解区域交通情况
	掌握收派件的时限要求,分点部参加中转的批次、时间以及不同班次交件的截止时间和要求
	了解到件、发件的操作要求

(3)收派流程

要求与标准	具体要点
能够依据企业的标准操作流程,安全、快捷、准确地完成日常收派件工作	掌握企业标准收件流程及操作规范
	掌握企业标准派件流程及操作规范

(4)"包装做件"

要求与标准	具体要点
能够根据企业要求包装快件、填写运单	了解海关对出口快件的要求,掌握识别违禁品的方法
	熟练使用工具查询客户地址
	掌握企业的重量误差标准,正确、熟练地计算快件费用

续表

要求与标准	具体要点
能够根据企业要求包装快件、填写运单	准确填写运单并贴单
	掌握标准快件的包装操作技术，使用正确的包装和标识
	熟练掌握特殊类型快件的"做件"技术

(5)安全防范

要求与标准	具体要点
能够根据企业安全守则，掌握确保人身安全、行车安全、快件安全的要领	掌握户外作业安全技巧
	掌握快件运输安全技巧
	掌握资金风险防范技巧

(6)异常处理

要求与标准	具体要点
能够根据企业要求进行异常上报备案处理，确保快捷安全，维护企业形象	掌握收件异常情况处理流程与操作规范
	掌握派件异常情况处理流程与操作规范
	能够按规定流程处理滞留快件
	掌握预防应对新问题及客户投诉的技巧

(7)款项回收

要求与标准	具体要点
能够及时收取款项，并在规定时间内上缴	理解应收款管理规定
	熟练使用各种结算方式及工具
	掌握收款沟通技巧，及时收回客户款项

(8)产品知识

要求与标准	具体要点
能够将企业的产品准确无误地推荐给客户使用	掌握企业各种产品的相关知识
	根据客户需求，有针对性地将产品推荐给客户使用

（9）市场营销

要求与标准	具体要点
能够及时了解区域内市场动向，根据企业政策有针对性地挖掘客户	能够维护本区域内老客户
	及时发现潜在客户和开发新客户
	掌握月结、代收货款、客户开发和签订流程

（10）客户服务

要求与标准	具体要点
能够不断提升服务质量，为客户提供优质服务	掌握收派员仪容、仪表要求
	掌握收派员言语、行为规范
	掌握常见客户应答及异议处理技巧

4.收派员动作规范

（1）收派准备

收派件前要充分准备好工具和物料，以及时高效地完成收派件工作。收派件前需准备的主要装备如下。

序　号	装备名称	装备简介	装备图例
①	工装	包括上衣、裤子、帽子、鞋	

续表

序 号	装备名称	装备简介	装备图例
②	工牌	收派员的身份标识	
③	手机卡	供收派员收派件时接收、发送信息	
④	签字笔	在收派件过程中填单使用	
⑤	腰包	供收派员放置零钱、美工刀、签字笔、终端设备等日常小型工具	

续表

序　号	装备名称	装备简介	装备图例
⑥	便携式电子秤	用于计量快件重量或体积	
⑦	PDA手持终端设备	用于扫描运单	
⑧	美工刀	方便收派员包装和检查快件	
⑨	单据	包括运单、发票、收据等	

续表

序　号	装备名称	装备简介	装备图例
⑩	记号笔	供收派员在收取快件时标识目的地代码,以及在快件外包装上标识运单单号	
⑪	双肩背包	重量在 1 kg 以内的小件必须入包,重量在 1~3 kg 的小体积快件尽量入包	
⑫	简易包装材料	包括文件信封、专用胶袋等	

收派件准备动作规范见下表。

序　号	常见问题	动作规范
①	随身携带物料不足影响正常收派工作,如缺少文件信封、胶纸等	每天根据负责区域情况,准备合适的物料
②	多次在背包里翻找物料	各类物料、工具定点定位放置,便于拿取使用
③	没有携带电子秤,带回托寄物在分点部进行称重,电子秤不进行校验	每天对操作工具进行检查,每周由分点部对电子秤进行校验

续表

序　号	常见问题	动作规范
④	收派作业中出现终端电量不足无法扫描	每天使用座式充电器给主用及备用终端电池充电 4 小时以上

（2）收件动作规范

①文件类。

序　号	操作	常见问题	动作规范
a.	装件	对托寄物不整理,直接装入文件信封	将零散的托寄物整理后叠放在一起,倾斜插入文件信封
b.	装单	运单在装入运单袋时,边角出现褶皱、不平整,需用手伸入运单袋中再次调整	左手持运单长袋口,右手拿起运单斜插入运单袋

②小件包裹类。

序　号	操作	常见问题	动作规范
a.	装件	在将托寄物装袋时,需多次用手进行推塞,或提起包装胶袋抖动	将零散的托寄物整理后叠放在一起,倾斜插入文件信封
b.	装单	运单在装入运单袋时,边角出现褶皱、不平整,需用手伸入运单袋中再次调整	先装短袋口,后装长袋口,增加装单时的缓冲空间,减少装入时的阻力

③货件类。

序　号	操　作	常见问题	动作规范
a.	开箱查验	用笔、钥匙等开箱	使用美工刀,推出刀片长度约 1 cm,既可以快速开箱,又可避免推出的刀片过长划伤托寄物
		开箱时,箱体发生转动	左手扶住箱体,右手用美工刀按先右后左的顺序,依次划开两端封口的胶纸
b.	内包装	内包装时,需多次翻转托寄物	将气泡膜进行对折,增加其厚度,减少其长度

续表

序　号	操　作	常见问题	动作规范
c.	填充包装	因包装不良发生托寄物损坏	先将气泡膜放在箱体底部,将托寄物放在箱体中心,用气泡膜填满箱体四周
		填充完毕后,未对包装效果进行查验	通过看、嗅、听、感、搬等方式,检查包装是否符合要求
d.	封箱封口	多次寻找胶纸断开处	每次使用后,在胶纸圈的断开处做标记
e.	缠绕加固	使用胶纸对较大件托寄物进行加固时,多次翻滚托寄物	将托寄物侧立或倾斜放置,左、右手交替转动胶纸圈,用胶纸圈的滚动代替货物的滚动
f.	外包装	使用编织袋对托寄物进行外包装加固时,多次搬动	将托寄物竖立,编织袋从上往下套在托寄物上
g.	装单入袋	运单不易装入,需用手多次推塞	吹气,使透明运单袋完全打开,增加运单袋内的缓冲空间,减少运单装入时的阻力
h.	粘贴运单	运单条码被胶纸覆盖,运单粘贴条数在3条以上	以"H"形粘贴运单,既可以配合快件封箱的加固操作,又可以减少胶纸的使用量,同时避免运单条码被胶纸覆盖,易于中转分拨

(3)派件动作规范

派件操作包括整理快件、装件入包、快件装车、抽取运单、递送运单、收费给票等操作。

①整理快件。

操　作	常见问题	动作规范
分类摆放快件	在派送前没有仔细分拣快件,出现重复派送至同一客户处等情况	结合派送顺序,将同一派送地点、同一客户的快件运单面朝向一致地放置在一起

②装件入包。

操　作	常见问题	动作规范
装件入包	快件装包较随意,运单面无统一朝向	文件类快件正面朝内放在背包内侧,小件包裹类运单正面朝内或朝上放置在背包或集装包内,便于派送时查看运单信息

③快件装车。

操　作	常见问题	动作规范
快件装车	快件放置混杂,在派送时寻找要派送的快件	遵循"后送先装,易碎侧立、大不压小、重不压轻、运单朝上或侧立朝外"的原则,将快件分类码放,避免车辆颠簸导致快件间摩擦碰撞,产生快件损坏,同时便于派送员查看快件,节约派送时间

④抽取运单。

操　作	常见问题	动作规范
抽取运单	用手直接撕破运单袋抽取运单	用美工刀划开运单袋封口,便于一次性抽取,且保持了抽出的运单的平整性

⑤递送运单。

操　作	常见问题	动作规范
递送运单	运单递送随意,无统一朝向,没有同时递送签字笔	签字笔和运单正面朝向客户一起递送,同时指出签字位置,不仅节约了派送时间,也从细微处体现了快递企业的服务意识

⑥收费给票。

操　作	常见问题	动作规范
收费给票	零钱、发票放置散乱,没有按面额进行整理放置	零钱按面额整理放置在钱包内,既节约了找零的时间,也避免了散乱放置所导致的物品丢失等麻烦。发票按面额整理放置于终端副袋内

5.收派员操作业务规范

(1)取件操作业务规范

①取件前的准备。

A.操作设备准备。

a.检查手机状况,确保其处于正常工作状态,准备接收取件信息;

b.操作工具:便携式电子秤、美工笔、签字笔、双肩背包、腰包。

B.营运物料准备。

a.运单:快件运单、普件运单、代收运单、港澳台件运单;

b.包装材料:文件信封、小件袋、专用胶纸、少量气泡膜。

C.单、证准备。

a.取件所需材料:发票、收据、小件宣传卡、零钱;

b.个人证件:工牌、身份证、机动车驾驶证、机动车行驶证。

D.交通工具准备。

a.确保交通工具的状况良好;

b.确保交通工具整洁,防止其污染快件。

E.业务准备。

a.学习分点部内宣传栏文件,及时掌握企业最新业务动态和相关操作知识;

b.参加分点部早例会。

F.仪容仪表形象准备。

a.穿着整洁干净的工装,戴工帽、佩戴工牌;

b.整理好个人仪容仪表,调整好心态和情绪。

②接收取件信息。

A.收派员在接到下单信息后,认真阅读短信内容,并通过手机短信或 PDA 手持终端设备回复确认信息。

B.仔细核对信息,如客户发货地址不在自己服务区城内,应立即反馈至呼叫中心,以便及时纠正。

C.对新客户(包括其他有必要联系的客户),应及时联系并确认其地址。可以给客户提前打电话,让客户更加安心,同时让客户有时间做好寄件准备。

③到客户处。

A.根据下单信息,合理安排取件的路线和顺序,确保到达时间比约定时间提前5~10 分钟,尽量避免因交通阻塞或不熟悉道路而迟到。

B.收派员收到下单信息后应在 40 分钟内到达委托客户处;如无法按约定时间到达,应提前与客户取得联系,表示歉意并重新约定时间。

C.收派员到达客户公司后,应在指定位置将交通工具停放整齐,不得妨碍他人。

D.妥善放置已收取的快件。

a.3 kg 以下能入包的快件必须入包随身携带;

b.任何时候都不得将快件单独放置在无人看管处,必须确保快件安全、无遗失。

E.到达客户处,进门前需整理好个人的仪容仪表,保证整齐、洁净。

F.到达客户处,无论客户房间的门是打开的还是关闭的,都应该按门铃或敲门向客户请示,待客户同意后方可进入。

G.取件前应主动向客户表明身份并出示工牌,表明来访目的。

H.在客户处的注意事项。

a.不得使用客户的电话,未经客户允许,不得随意就座或翻动客户的任何物品;

b.如遇雨雪天,必须穿上鞋套方可进入现场,另外应自带塑料袋将随身携带的雨具收好,以保护客户所处环境不因收派员的到来而受影响;

c.如在服务过程中需要接听手机,需向客户道歉然后再接听,应答声音应尽量小,以保证客户所处环境的安静。

④在客户处的现场操作。

A.确认物品是否在快递公司规定的可寄递物品范围内,收派员须向委托客户说明需进行寄递物品的检查,并在取得客户同意后,按要求对物品进行全面检查。

B.检查快件包装,如包装未达到标准,需要委托客户对包装进行改进。

C.查验物品是否属于贵重物品,如果是贵重物品,向客户建议进行保险,并介绍保险费率及免赔额;如果是贵重物品但客户执意不进行保险,应向客户说明若运输中物品出现意外损伤、丢失等,快递企业将按照运单背书标准进行赔偿。

D.检查运单内容,指导客户填写相应的运单内容,检查客户填写的运单是否完整,提示客户仔细阅读运单的背书内容。

E.使用便携电子秤、卷尺测量快件的实际重量和尺寸规格,确定正确的计费重量并计算运费。

F.与客户确认运单信息,并提醒客户认真阅读快递企业背书条款,客户确认无误后,须要求客户在寄件人签名栏内签名确认,不得代替或伪造客户签名。

G.将随件运单粘贴在快件表面最大面的正中,使用 PDA 手持终端设备扫描运单号并上传,系统收到取货任务完成的信息。

⑤与客户道别。

A.收派员应主动宣传本企业的服务项目、服务特点、业务范围,大致了解客户的需求,并及时递上本企业统一的宣传资料。

B.主动热情地同客户道别,离开时应把门轻轻带上。

⑥快件运输。

A.收派员根据当班次截至收件的入库时间和自己所处的位置确定返回分点部的时间,确保快件可以及时参加当班次中转。

B.车辆运输快件途中要确保关好车门,用摩托车或电动车运输时要保证小件入包、大件捆绑牢固、易碎品妥善放置,确保快件在运输途中的安全。

C.如遇雨雪天气,收派员要披上雨具,用雨布包好快件,确保本人和快件不被淋湿,注意道路情况,确保行车安全。

⑦交单、交件、交款。

A.将收件表单、运单、快件一起交给操作专员清点核对,确保表单相符、单货相符。

B.与操作专员交接完毕,确认单件数量无误后,收派员在收件交接表上签名确认。

C.在规定时间内将所收取货款上缴企业。

(2)派件操作业务规范

①准备工作。

A.准备派送所需的单证:工牌、收据或发票、零钱、身份证、行车证件。

B.备好交通工具。

C.整理个人仪容仪表:穿着整洁干净的工服,戴工帽,佩戴工牌;整理好自己的仪容仪表,调整好心态和情绪。

D.检查设备:检查手机和PDA手持终端设备,确保它们处于正常工作状态。

②交接快件。

A.操作专员将快件与收派员进行点数交接。

B.收派员清点快件数量,并核对是否有外包装破损、分错件、地址错误、超出服务范围、快件重量明显有误或付款方式不明确等的异常快件。

C.快件清点无误后,收派员在派送交接表上签名确认。

③快件运输。

A.收派员根据所接收快件的派送地址,结合自己所辖服务区域情况合理安排派送线路。

B.收派员根据派送线路,将快件按顺序进行整理装车。

④派送至客户处。

A.派送地址为非正规办公场所如宾馆、学校、私人住宅等,收派员在上门派件前须电话联系客户,确认客户地址并预约派送时间。

B.妥善放置其他尚未派送的快件。

C.派送时须主动向客户表明身份并出示工牌,说明来访目的。

⑤客户处现场操作。

A.签收快件:收件客户本人签收,须核实收件客户身份;非收件客户本人签收,须查看代收人的有效证件,核实其身份;如果客户拒绝签收快件,向客户做好解释工作并收回快件,将快件带回分点部交操作专员做异常处理。

B.结算运单。

C.收派员将快件交付收件客户。

D.收派员在运单上填写工号、派件日期、派送时间等信息,将签收联带回分点部,收件人联留给客户。

E.使用PDA手持终端设备对运单进行扫描或利用手机反馈签收信息。

⑥交单交款。

A.收派员整理好运单签收联和异常件。

B.收派员将运单签收联和异常件交给操作专员,操作专员当面对运单和异常件进行扫描并填写派件交接表,收派员在派件交接表上签字确认。

C.收派员将所有收取款项在规定的时间内上缴企业。

6.收派员操作标准

（1）取件操作标准

①准备。

序　号	标准要求	备　注
a.	确认手机及其他设备正常工作	确保信息收取正常，沟通渠道畅通
b.	确认交通工具状况良好	确保人身安全及取件工作正常进行
c.	确保个人仪容仪表符合规范	树立并维护快递公司的良好形象
d.	必须准时参加分点部例会	及时了解公司动态并掌握最新的业务知识

②接收订单信息。

序　号	标准要求	备　注
a.	接收到错误信息时，须在接到信息5分钟内反馈至呼叫中心	确保取件信息及时准确地传递给相应收派员，确保履行服务承诺，避免客户投诉
b.	订单流水号不连续时，必须主动联系呼叫中心进行查询	防止漏单
c.	发现委托客户为快递企业的黑名单客户时，须立即上报相关部门	维护企业利益，避免不正当竞争
d.	在手机信号盲区的逗留时间不得超过15分钟	确保连续、及时地接收到取件信息

③至客户处。

序　号	标准要求	备　注
a.	必须详细了解负责区域内的道路名称、门牌号码、客户分布、交通状况及限速路段等情况	快速到达寄件客户处，确保履行服务承诺，体现企业竞争优势
b.	对任一取件地点，尽量掌握两条以上可以到达的路线	预防因意外情况造成道路堵塞不通而无法正常取件
c.	规划收件路线时，核对接收到的信息，确保没有漏收件	确保履行服务承诺，避免客户投诉
d.	必须在规定的时间内到达客户处取件	确保履行服务承诺，体现企业竞争优势

序　号	标准要求	备　注
e.	必须主动向客户出示工牌,表明身份及来意	消除客户疑虑,避免不正当竞争
f.	至客户取件地址处没找到客户且电话联系不上客户时,须立即致电操作专员备案	确保履行服务承诺,体现企业诚信,方便客服回复客户查询,避免客户投诉
g.	客户快件未备好,等待时长为5分钟	确保履行服务承诺和维护其他客户利益,如时间充裕可视情况延长

④现场操作。

序　号	标准要求	备　注
a.	必须当面与客户对寄递物品进行检查清点	确保交接清楚,避免纠纷及服务投诉
b.	必须确保所取件包装符合规范	确保履行服务承诺及快件在运输途中的安全
c.	必须提醒客户阅读运单背书内容	体现企业诚信,避免纠纷及服务投诉
d.	严禁收取不符合寄递要求的快件,如危险品、违禁品、超服务范围、零散单票价值超过3万元的小件快件、包装不符合要求的快件、其他快递企业的快件	维护企业利益,体现企业诚信,避免纠纷及服务投诉,避免不正当竞争

⑤快件运输。

序　号	标准要求	备　注
a.	合理规划时间,必须确保快件参加当班次中转	确保履行服务承诺,体现企业竞争优势
b.	确保人身安全及快件运输安全	确保员工个人及企业利益
c.	雨雪天气必须使用雨具	确保员工个人健康,防止快件受损

⑥交件交单。

序　号	标准要求	备　注
a.	必须对快件进行复查,确保快件质量	确保快件质量,打造高品质服务

续表

序 号	标准要求	备 注
b.	确保单、件一致	确保快件正常中转
c.	必须在规定时限内上缴公款	确保企业资金的正常流转

（2）派件操作标准

①准备工作。

序 号	标准要求	备 注
a.	确保手机及 PDA 手持终端设备工作正常	确保信息收取正常，沟通渠道畅通
b.	确保交通工具状况良好	确保人身安全及派件工作正常进行
c.	确保工具和包装材料携带齐全	避免派送过程中因包装材料或工具短缺而无法正常开展工作
d.	确保个人仪容仪表符合规范	树立并维护企业良好的员工形象
e.	准时参加分点部例会	及时了解企业动态并掌握最新的业务知识

②快件出库交接。

序 号	标准要求	备 注
a.	出库快件必须当面点清数量	交接清晰，明确责任
b.	确认所接收快件是否存在外包装破损、分错件、地址错误、超服务范围、重量明显有误、付款方式不明确等异常情况	交接清晰，明确责任
c.	双方当面确认所接收快件的数量与派送交接表上一致	交接清晰，明确责任
d.	收派员必须在派送交接表上签名确认	交接清晰，明确责任

③小件运输。

序 号	标准要求	备 注
a.	必须详细了解负责区域内的道路名称、门牌号码分布、交通状况和限速路段等情况	快速到达派送客户处，确保履行服务承诺，体现企业竞争优势

续表

序　号	标准要求	备　注
b.	对任一派送地点,至少掌握两条可以到达的路线	预防因意外情况造成道路堵塞不通而无法正常派件
c.	1 kg 以下的快件必须入包,3 kg 以下、体积较小的快件尽量入包	快件不离身,避免遗失
d.	快件装车、捆扎时必须遵循大不压小、重不压轻的原则	防止运输途中快件破损遗失
e.	合理规划时间,必须确保在企业规定的派送时限内完成派送任务	确保履行服务承诺,体现企业竞争优势
f.	确保人身安全及快件运输安全	确保个人及企业利益
g.	遇雨雪天气必须使用雨具	确保员工个人健康,防止快件受损

④派送至客户处。

序　号	标准要求	备　注
a.	必须主动向客户出示工牌,表明身份及来意	消除客户疑虑,加深客户印象,维护企业形象
b.	至派送客户处未找到客户且电话联系不上时,必须向分点负责人反馈异常情况做异常处理	方便客户与企业联系与查询
c.	必须确认签收人为运单上注明的收件人或其指定的代收人	确认身份,防止他人冒领,确保企业与客户的利益
d.	签收前必须提醒客户检查快件的外包装	与客户交接清晰便于明确责任,避免纠纷和客户投诉
e.	收件人或其指定的代收人必须在收件人签字栏中签名,且签名必须清晰可辨	与客户交接清晰便于明确责任,避免纠纷和客户投诉
f.	如果是到付现结快件,在结清款项后方可将快件交付客户	避免运费无法收回
g.	必须将收件人联交给客户	方便客户后续查询
h.	派送交付完毕后,必须立即扫描	及时传递信息,方便客户查询

⑤交单交款。

序　号	标准要求	备　注
a.	确保运单签收联和异常件的数量之和与出库件数一致	确保无快件遗失、无漏交单
b.	异常件上必须粘贴"异常"贴纸,并在贴纸上填写相关信息	方便操作专员对异常件进行跟进
c.	收取的款项必须在规定时限内上缴企业	确保企业资金的正常流转

课后练习

(一)选择题

1.下列不能作为有效证件的是( )。

A.身份证　　　　　　B.户口本　　　　　　C.学生证　　　　　　D.机动车驾驶证

2.关于快件派送,描述不正确的是( )。

A.快件派送前,业务员先识别快件派送地址

B.快件派送前,若代收款金额较大,则需提前通知并告知客户应付金额

C.可以根据记忆派件

D.业务员将快件派送到客户处,应核实客户身份后方可交件

(二)判断题

1.小件不离身是小快件安全保管的原则。 ( )

2.快件派送,是指业务员按照运单信息上门,将快件递交收件人并获得签收信息的过程。 ( )

3.快递服务人员应着快递企业统一工装。 ( )

4.作为快递业务员,工牌应随时佩戴于胸前。 ( )

技能训练

【实训内容】

①快递收派设备的调研。

②快递运输设备的调研。

③快递处理设备的调研。

【实训目的】

通过本次实训巩固所学理论知识,能够理解各种快递设备的用途,能够了解各快递设备的操作规范和注意事项,增强工作责任心。

【实训准备】

①学校快递实训基地。
②电脑及网络。
③联系校园菜鸟驿站。

【实训要求】

①能够独立、规范地完成各项任务。
②注意使用礼貌用语。

【实训步骤】

①将全班同学分组,每4~6人为一组,活动以组为单位进行。
②每个小组通过网络对快递设施设备相关资料进行全面搜集。
③去学校快递实训基地实地学习调研。
④每人写一份不少于1 000字的调研学习总结报告。
⑤各小组组长汇总本小组的调研报告并上交。

【实训评价】

各小组组长将本组的结果在班上展示,供同学和教师查验。要求调研报告包含快递设备介绍、各设备的应用场景、各设备的优缺点等内容。

•小组活动评价

组长负责分配不同的任务给组员,组员完成各子任务。调研学习总结报告要包含快递设备介绍、各设备的应用场景、各设备的优缺点。小组成员评价表如下,完成任务得40分,如果有遗漏等情况扣减相应分值。

小组成员评价表

小组名称:＿＿＿＿＿＿＿＿＿＿　　　　　　　　　组长:＿＿＿＿＿＿＿＿＿＿

小组成员	态度/10分	互助与合作/10分	倾听/10分	展示与效果/10分

续表

小组成员	态度/10分	互助与合作/10分	倾听/10分	展示与效果/10分

● 教师评价

教师负责评价每组的任务完成情况,量化评价标准。教师对小组进行评价的标准见下表,总分值为60分。

小组学习评价表

序号	评价指标	分值/分	打分
①	能在规定时间内组员合作完成实训任务,操作规范; 顺利展示,报告观点新颖,表述逻辑性强	50~60	
②	能在规定时间内完成实训任务,操作规范; 能做展示,有自己的观点,表述清楚	40~49	
③	能在教师和其他同学的帮助下完成实训任务,有展示结果	30~39	
④	能在教师和其他同学的帮助下基本完成实训任务,没有展示结果	0~29	

● 教师点评

教师进行点评时,汇总小组内评价,然后针对各小组进行总结点评。点评时以鼓励为主,要注意挖掘每个小组的闪光点。每个同学的最后得分为所在小组得分+成员评价分。

任务二 输单员

案例导入

输单员就是做数据录入工作的人员。有些大型数据库系统的外部数据录入量很大,就需要有人专门做数据录入。小王想去应聘某快递企业的输单员,你能给他哪些建议呢?

任务执行

1.输单相关岗位和岗位职责

输单相关岗位:输单员、输单组长和输单主管。

输单相关岗位的主要工作:输单组必须在规定的时间内,完成收派员每日上交的收件运单、派件运单等相关业务数据资料的录入、审核、上报、扫描,将转第三方付款运单进行寄递,以实现网络资料共享,使企业计算机系统的业务数据平衡,保证企业运费正常回收、方便客服查单。

2.输单员工作标准

输单员的工作主要包括输单准备、运单交接、运单扫描、运单处理和下班准备。

(1)输单准备

序　号	工作标准
①	穿着干净整洁的工服,佩戴工牌,保持良好的心态
②	检查电源及网络是否正常
③	先打开扫描仪,再打开电脑
④	检查系统、扫描枪及扫描仪是否能正常使用
⑤	输单组长查阅最新邮件及通知
⑥	输单主管查阅最新邮件及通知
⑦	运单盒摆放在办公桌面右上角位置,运单架放在电脑前面位置,其他办公设备应摆放整齐

(2)运单交接

序　号	工作标准
①	对于在不同办公场所交接的运单,应检查运单袋是否完好
②	报关件与非报关件应该分开摆放
③	各类运单应摆放整齐,不可折叠或杂乱无章地堆放于桌面上
④	尚未录入的运单应该单独放置,已录入完成的运单放置在办公桌面右上角的运单盒中

（3）运单扫描

序 号	工作标准
①	选定正确的扫描运单类型。蓝单指收件单，黄单指派件单。不可将黄单扫成蓝单，或将蓝单扫成黄单
②	须将收件单与派件单分开扫描，且须先扫描收件单
③	检查运单上是否有胶纸或订书钉等异物，如有，须将其清除，否则其会严重磨损扫描仪，影响扫描效果
④	运单应正面朝上、两边对齐叠放，扫描仪导纸板设置的宽度应与运单宽度匹配
⑤	用手握紧运单的两边，使其弯曲，再使其伸直，重复2~3遍
⑥	将运单正面朝下放入纸槽，开始扫描
⑦	扫描完的运单应按出口件、非出口件及派件单分开摆放
⑧	出口件必须选择正确的出口批次、日期，以免影响自动分拨

（4）运单处理

序 号	工作标准
①	如果遇到停电、系统网络故障，应在10分钟内通知本区相关人员进行备案
②	报关件无法正常上报时，应按报关件应急处理流程进行处理
③	保持正确坐姿：上半身应保持颈部直立，使头部获得支撑，两肩自然下垂，上臂贴近身体，手肘弯曲呈90°。操作键盘或鼠标时，尽量使手腕保持水平姿势，手掌中线与前臂中线应保持一条水平线。下半身腰部挺直，膝盖自然弯曲呈90°，并保持双脚着地的坐姿
④	不可与同事交头接耳，不可大声喧哗，不能影响其他同事工作
⑤	在数据录入界面，先录入公共资料栏信息，确认公共资料栏填写无误后，再进行新增运单录入
⑥	在回单录入界面，应避免在重量、运费栏中录错字符，否则将无法保存资料
⑦	录入时发现运单填写错误，应及时通知分点部相关人员进行更正
⑧	录入运单时，须将转第三方付款运单挑出，以便进行转第三方付款运单的核对及寄递
⑨	上报报关件时，应留意上报票数与交接票数是否相符

续表

序 号	工作标准
⑩	应遵循录单顺序：出口件、特殊业务运单、其他非出口收件运单、派件运单
⑪	应进行保存，以免出现系统故障或死机时数据丢失
⑫	录入"延迟交单"运单时，应设置相应日期后进行录单，避免日期录错；录入完"延迟交单"运单时应退出界面，避免其他运单日期录错
⑬	输单时，如果发现系统异常，应及时向输单组长汇报
⑭	每次系统升级测试，应及时记录输单过程中发现的问题，并反馈给输单组长
⑮	检查是否已接收到审单组发送的报关回执邮件

（5）下班准备

序 号	工作标准
①	检查运单是否全部上传
②	检查运单是否全部审核
③	核对转第三方付款运单并进行寄递
④	录入完的运单应按蓝单、黄单分类并放置于指定地点
⑤	进行办公室及操作设备的清理，检查是否有遗漏的运单
⑥	下班时要关闭电脑、扫描仪及其他用电设备，锁好办公室门窗

3.快件信息的录入

快件信息的录入是指对快件所涉及的相关内容进行登记，实际上是对快件运单相关内容的再描述。在快件生产作业中，可实现快件信息联网共享，并以电子清单的形式实现信息记录传递。采用这种作业方式，对漏登信息的快件须进行快件信息的录入。

（1）录入快件信息的意义

在快递服务过程中，录入快件信息具有重要的作用。快件处理业务员需要在快件分拣封发工作中及时录入快件信息，并通过比对快件实物与信息，对漏登的信息进行补录。录入快件信息的意义有：

①可为寄件人提供快件传递状态和所在位置的查询服务。

②作为快递企业内部作业各环节、各工序、各部门及各项业务工作的依据和凭证。

③能够提供实时资料,方便快件处理部门制订快件动态调整发运计划、运能安排,提高处理操作的可控性和快件的时效性。

(2)快件信息录入的内容

快件信息录入的内容主要包括:运单条码、寄件人资料、收件人资料、寄递物品资料、资费、重量、收派员、寄件日期和寄件人签名等。

(3)快件信息录入的整体要求

①真实性:输单员整理录入信息时,要如实输入相关内容,不得捏造、漏录。

②完整性:输单员要完整录入运单上的相关信息,不能图省事而简化输入。如遇某收件人或寄件人是复姓等情况,输单员在录入时应录入全部信息。

③及时性:输单员如发现漏登信息的快件,要按快递企业规定的时间补录快件信息,以便信息全网共享。

课后练习

简答题

1.录入快件信息的意义是什么?

2.快件信息录入的整体要求有哪些?

技能训练

【实训内容】

通过实地操作和亲身体会,掌握输单员的工作职责、工作内容和工作规范。

【实训目的】

通过本次实训巩固所学理论知识,能够理解输单员的工作规范和意义,能够掌握输单员必备的工作技能。

【实训准备】

①电脑及网络。

②纸、笔。

③学校快递实训基地。

【实训要求】

①能够独立、规范地完成各项任务。
②注意职业素养和职业道德。

【实训步骤】

①将全班同学分组，每4~6人为一组，活动以组为单位进行。
②列举输单员的工作方法和技巧。
③每人写一份不少于1 000字的学习总结报告。
④各小组组长汇总本小组的调研报告并上交。

【实训评价】

各小组组长将本组的结果在班上展示，供同学和教师查验，要求有输单员工作内容和工作职责、输单员工作技巧和心得体会等内容。

● 小组活动评价

组长负责分配不同的任务给组员，组员完成各子任务。学习总结报告要包含输单员工作内容和工作职责、输单员工作技巧和心得体会。小组成员评价表如下，完成任务得40分，如果有遗漏等情况扣减相应分值。

小组成员评价表

小组名称：＿＿＿＿＿＿＿＿＿＿　　　　　　　　　　组长：＿＿＿＿＿＿＿＿＿＿

小组成员	态度/10分	互助与合作/10分	倾听/10分	展示与效果/10分

● 教师评价

教师负责评价每组的任务完成情况，量化评价标准。教师对小组进行评价的标准见下表，总分值为60分。

小组学习评价表

序号	评价指标	分值/分	打分
①	能在规定时间内组员合作完成实训任务,操作规范; 顺利展示,报告观点新颖,表述逻辑性强	50~60	
②	能在规定时间内完成实训任务,操作规范; 能做展示,有自己的观点,表述清楚	40~49	
③	能在教师和其他同学的帮助下完成实训任务,有展示结果	30~39	
④	能在教师和其他同学的帮助下基本完成实训任务,没有展示结果	0~29	

● 教师点评

教师进行点评时,汇总小组内评价,然后针对各小组进行总结点评。点评时以鼓励为主,要注意挖掘每个小组的闪光点。每个同学的最后得分为所在小组得分+成员评价分。

任务三 / 中转员

案例导入

随着互联网的发展,现在在网上购物的人越来越多,快递行业因此越来越发达。随着网购力度的日益增加,快递行业成了不可或缺的行业。在快递企业,中转员一天的工作量并不亚于收派员的,在繁忙的时候这些中转员甚至要通宵工作,可能比收派员的工作量更大。

中转员通过扫码的方式分拣不同地方的快递,扫码枪的主要功能就是读取条形码数据。一个条形码对应一个编号,中转员通过扫码方式更新物流信息,并将单号录入电脑。一般中转员一天大约要分拣 3 000 件快件,而到了"双十一"等高峰期一天至少增加一倍的工作量,所以这种时期是经常需要加班熬夜的。一个普通的中转员至少要记清几十个条形码对应的投放区域,这样在工作时才能又快又好地进行分拣。

本任务中,我们将一起学习中转员的岗位职责。

任务执行

1.岗位职责

①掌握各类装卸设备的操作规范与使用方法,能够借助工具提高快件分拣效率,

降低工作强度。

②根据企业车辆登记、卸货、推件的要求,做好车辆到达登记,提升卸货效率,确保快件安全。

③根据企业分拣卡位、回流件处理、扫描枪扫描要求,准确高效地做好发件工作。

④熟练使用建解包物料工具,掌握建解包操作标准,安全、高效地完成建解包操作。

⑤按照企业安全守则,掌握确保人身、设备、财产、交通安全的要领。

⑥熟练掌握中转场问题件处理流程,掌握各类型问题件的处理技巧,及时完成问题件的处理及反馈。

⑦掌握散航发货操作要求,熟练使用相关工具提升发货效率,树立主人翁意识,监督货代的操作,确保快件安全。

⑧掌握散航跟货操作要求,树立主人翁意识,监督货代的操作,确保快件安全。

⑨掌握散航提货操作要求,树立主人翁意识,监督货代的操作,确保快件安全。

⑩按照企业安全守则,掌握确保人身、设备、财产、交通安全的要领。

2.工作流程

工作流程如图 4-3 所示。

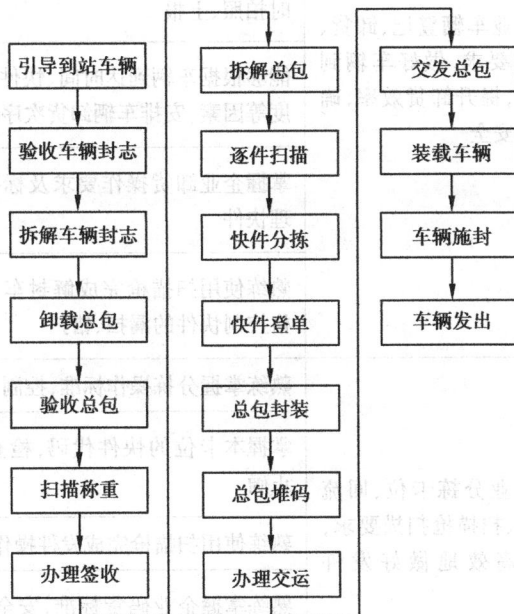

图 4-3 工作流程

3.操作规范

(1)分拨类业务规范

业　务	要求与标准	技能要点
工具设备准备	掌握各类装卸设备的操作规范与使用方法,能够借助工具提高快件分拣效率,降低工作强度	熟练使用和维护扫描枪
		熟练使用打包机
		能够安全使用和维护各类装卸设备
		熟练使用消防器材
		理解9S要求:了解常用物料及发放要求,保持工具、设备整洁,物料充足,摆放到位,保持操作现场整洁、有序
卸货操作	根据企业车辆登记、卸货、推件的要求,做好车辆到达登记,提升卸货效率,确保快件安全	掌握公司车辆指挥规范,熟练使用标准手势及工具指挥车辆停靠
		了解企业解封车操作标准,检查车辆上锁、封车情况,如实登记车辆到达情况,并将异常情况及时拍照、上报
		能够根据车辆到达时间、快件参加中转的紧急程度等因素,安排车辆卸货次序
		掌握企业卸货操作要求及标准,安全、快捷地处理快件
		熟练使用扫描枪完成解封车、快件卸车操作,严格控制快件的漏扫、错扫
发件操作	根据企业分拣卡位、回流件处理、扫描枪扫描要求,准确、高效地做好发件工作	熟练掌握分拣操作标准,控制分拣错误率
		掌握本卡位的快件代码,检查唛头笔书写是否正确
		熟练使用扫描枪完成发件操作,确保不漏扫
		熟练掌握企业码货标准,安全、高效地完成快件的码放
		熟练处理回流件,确保回流件与中转同步

续表

业　务	要求与标准	技能要点
建包、解包操作	熟练使用建解包物料工具,掌握建解包操作标准,安全、高效地完成建解包操作	解包时,熟练检查外包装、包牌或笼牌的完整性、规范性
		建包时,熟练掌握封包及填写包牌的技巧
		熟练使用扫描枪进行"快件建解笼"或"快件建解包"操作,达到建解包的效率要求
		熟练核对建解包内快件数量,确保其数量无误
掌握安全规范	按照企业安全守则,掌握确保人身、设备、财产、交通安全的要领	掌握场地内作业安全规范
		掌握快件分拣安全规范
		掌握快件风险防范规范
		掌握作业场地内外交通安全
信息、问题件处理及反馈	熟练掌握中转场问题件处理流程,掌握各类型问题件的处理技巧,及时完成问题件的处理及反馈	能够将各环节出现的问题按要求及时上报
		及时查看与营运操作相关的邮件,及时了解营运动态
		熟练掌握各批次操作流程及各类信息上报的时效,制作中转信息报表
		熟练掌握各类型问题件的处理流程,及时完成问题件的处理及反馈

(2)散航类业务规范

业　务	要求与标准	技能要点
散航发货	掌握散航发货操作要求,熟练使用相关工具提升发货效率,树立主人翁意识,监督货代的操作,确保快件安全	熟练使用扫描枪进行散航发货处理,不得错扫、漏扫
		熟练填写散航发货交接单,使用车标、封车码、拉扣等散航发货工具
		监督货代将快件装车,并做好重量交接、登记
		检查车门关闭情况,对货代车上锁等

续表

业　务	要求与标准	技能要点
散航跟货	掌握散航跟货操作要求,树立主人翁意识,监督货代的操作,确保快件安全	检查货代车辆封车条、车锁及车门关闭的完好性
		发现问题及时通知现场负责人监督货代人员按要求卸货
		熟练处理、记录安检过程中出现的相关问题,并及时反馈
		做好每周跟货单元的"出港货件监管核实登记表",并及时反馈
散航提货	掌握散航提货操作要求,树立主人翁意识,监督货代的操作,确保快件安全	能够根据每天计算机系统内的提货信息,对提货工作进行合理安排
		能够与各机场、航空代理保持良好沟通,以便提货工作的顺利开展,提高提货时效
		了解提、发货操作设备与安检设备,并做好相应的工具及信息准备
		熟练使用扫描枪对提货快件进行扫描操作
		能够对到港航班、货物异常情况进行及时跟踪、信息反馈并协助处理
		与信息组保持顺畅沟通,确保信息的及时反馈

（3）安全类规范

业　务	要求与标准	技能要点
掌握安全规范	按照企业安全守则,掌握确保人身、设备、财产、交通安全的要领	掌握场地内作业安全规范
		掌握快件分拣安全规范
		掌握快件风险防范规范
		掌握作业场地内外交通安全

（4）扫描枪使用规范

使用场景	一级指标	二级指标
车到中转场	扫描枪进入汽车操作界面	扫描车签、路线编码、单号,登记车牌
		扫描车签、单号
	进行卸车操作后,需要对已经卸下的快件进行分拨	扫描车签、单号
		扫描车签、路线编码、单号,登记车牌
车到营业部	扫描枪进入汽车操作界面	扫描车签、路线编码、单号,登记车牌
		扫描车签、单号
		派件出仓、派件交单
收派员到营业部交货		收件交单、收件入仓
		扫描车签、单号
		扫描车签、路线编码、单号,登记车牌

（5）总包卸载操作规范

序　号	操作规范
①	按照要求卸载总包,不得有抛掷、拖拽、摔打、踩踏、踢扔、坐靠及其他任何有可能损坏快件的行为。卸载时,总包袋口不得拖地
②	遇到雨雪天气,卸载总包时应做好防水、防潮及受潮物品的处理工作。如遇受潮快件,应妥当处理,严禁挤压、烘干受潮物品等
③	对贴有易碎品标志的总包单件,要轻拿轻放,放置时,需要在快件底部低于作业面30 cm时才能放手
④	总包卸载后,应区分直达和中转路向、手工与机械分拣快件,并按堆位要求分别码放快件
⑤	码放时做到重不压轻、大不压小。码放的总包有序、整齐、稳固,总包的袋口一律向外
⑥	卸载结束后,接收人员应检查车厢和场地周围有无其他遗留快件
⑦	卸载破损总包时,应注意保护内件,避免出现二次损坏快件的现象
⑧	不规则快件、一票多件的快件、需特殊处理或当面交接的快件应单独码放
⑨	水湿、油污、破损的总包应交专人处理

续表

序　号	操作规范
⑩	偏大、偏重的总包要单独码放或码放在底层,以防码放时砸坏轻件、小件;易碎物品、不耐压的快件要放置在顶层或单独码放;对标有不准倒置、怕晒、怕雨、禁止翻滚标志以及堆码重量和层数受限的快件,应按操作标准作业
⑪	卸载在托盘、拖车、拖板上的总包,码放高度一般不超过把手
⑫	使用机械或工具辅助卸载,应正确操作卸载机械或工具,禁止野蛮操作及其他任何有可能损坏快件的操作
⑬	应在车辆停靠稳妥后进行卸载作业;进出车厢应使用防护扶手,避免摔伤
⑭	着装规范,防护用品佩戴齐全,如佩戴专用防护腰带、穿好防护鞋,避免身体受到伤害
⑮	卸载以金属包装或表面不光滑、带有尖锐包装的快件,或者其他任何有可能对人造成伤害的快件,应戴专用防护手套
⑯	卸载体积偏大、偏重的总包快件,应双人或多人协同作业并使用设备卸载
⑰	如果卸载快件有内件物品破损并渗漏出液体、粉末状固体或半固体状物品,或者漏出的内件疑似含有毒或不明化工原料,必须使用专用防护工具、用品或防护设备进行隔离,不得用身体直接触摸或鼻嗅
⑱	卸载总包时,如果堆码在手动运输的托盘、拖车、拖板上,注意堆码重量不得超过设备材质和承载能力的限定要求,堆码宽度应小于底板尺寸。对于托盘、拖车,堆码高度不应高于托盘和拖车;对于拖板,堆码高度不应高于标准人体高度,以防人在快件倒塌时被砸伤
⑲	使用托盘、拖车运输时,应分清车头与车尾,不得反向操作。拉运快件时应目视前方,不得左顾右盼
⑳	卸载使用的机械或工具,不得用于载人

(6)总包接收和验视操作规范

工作任务	操作规范
总包接收	按车辆到达的先后顺序接收总包,有特殊规定的除外
	不同批次或车次的总包应该分别接收,不得混淆处理
	接收处理总包时,要求两人或两人以上同时作业
	接收总包时,收方负责逐包扫描,同时验视总包,复核总包数量、规格;交方负责监督总包的数量

续表

工作任务	操作规范
总包接收	对总包进行逐包扫描称重,完毕后上传信息,比对扫描结果或将扫描信息与交接单内容进行核对
	发现总包异常,应及时、准确地做出处理
	发现总包数量、路向等与信息不符,应及时、准确地做出处理或反馈
	接收操作要求快速、准确,应在规定时间内完成总包的接收处理
总包验视	总包发运路向是否正确
	总包规格、重量是否符合要求
	包牌或标签是否有脱落、字迹不清、信息无法辨别的现象
	总包是否破损或有无拆动痕迹
	总包是否有水湿、油污等现象

(7)总包拆解操作规范

总包拆解分为人工拆解和机械拆解两种方式,以下是这两种拆解方式的操作规范。

人工拆解规范

序　号	操作规范
①	验视总包路向,并检查快件总包封装规格。对误发的总包不能拆解,应刷出来交主管处理
②	扫描包牌条形码信息。扫描不成功或无条形码的,手工键入总包信息
③	拆解铅封时,剪断容器封口封志的扎绳,不要损伤其他部分,保证包牌在绳扣上不脱落
④	拆解塑料封扣时,剪口应在拴包牌面的扣齿处,以保证包牌不脱落
⑤	倒出快件后,应利用三角倒袋法或翻袋法等,检查总包空袋内有无遗留快件
⑥	检查从容器内拆出的封发清单所填写的内容是否正确,并将快件封发清单整齐存放
⑦	如有易碎快件,必须轻拿轻放,小心地将其从容器中取出
⑧	逐件扫描快件条形码,同时验视快件规格
⑨	拆出的破损、水湿、油污、内件散落等快件以及不符合规格的快件,应及时交主管处理

续表

序　号	操作规范
⑩	区分手工分拣和机械分拣的快件,将需要机械分拣的快件运单面朝上,顺序摆放
⑪	超大、超重,不宜机械分拣的快件和破损、易碎快件要单独处理
⑫	拆解结束时,检查作业场地有无遗留快件和未拆解的总包

机械拆解规范

序　号	操作规范
①	验视快件总包路向,将误发的总包拣选出来
②	使快件总包袋鱼贯进入开拆轨道,处理完一袋总包后,再拆下一袋总包
③	拆塑料封志时,拴包牌面剪口在扣齿处,保证包牌不脱落。拆绳封的快件总包时,应该剪断绳子,不可损伤其他部分,保持包牌在绳扣上不脱落
④	扫描包牌条形码信息。扫描不成功或无条形码的,手工键入总包信息
⑤	核对拆出的封发清单,登记内容
⑥	逐件扫描快件条形码,与接收的信息进行比对
⑦	每个总包开拆完毕后,将快件贴有运单的面朝上,整齐地放到传输机上进行传输分拣
⑧	拆解易碎物品总包时,调整升降高度,将总包袋口靠近工作台,轻拿轻放,取出快件,检查快件有无水湿、渗漏、破损等情况
⑨	如果快件总包内有保价快件、优先快件,需要验视快件包装,将运单填写的内装物品名称与清单相核对,单独封发处理
⑩	将不能机械分拣的快件转交其他工作人员进行手工处理
⑪	快件总包拆解完毕后,检查总包空袋内有无遗留快件,清单后,将总包空袋移出作业台
⑫	拆解时遇到问题件,需要及时向主管汇报
⑬	拆解结束,注意将拆解的实际件数与系统信息进行比对
⑭	工作结束,关闭设备电源,退出拆解系统
⑮	检查作业场地周围有无遗漏快件,清扫作业场地,上缴扫描用具、专用钳等用品用具,集中保管

(8)快件直封与中转操作规范

项　目		操作规范
快件直封		这是快件分拣中心按快件的寄达地点,把快件封发给到达城市分拣中心的一种分拣方式。采取这种分拣方式中途不需要再次分拣封发,可直接进行快件的派送处理
快件中转		这是快件分拣中心把寄达地点的快件封发给相关的中途分拣中心,经再次分拣处理,封发给到达城市分拣中心的一种分拣方式。采取快件中转组织分拣,可使处理的快件数量相对集中,便于合理组织、处理快件和采用机械设备进行分拣,中转范围可以是一个县、一个市、一个省,甚至几个省
分拣	按地址	处理人员的分拣依据是运单上的收件人地址。由于运单上的地址一般比较长、字比较小,辨认费时,快递企业要求业务员在运单上用油性唛头笔明显标记该快件应流向的省份、城市名称。中转员根据油性唛头笔所填的地址进行分拣,提高分拣效率
	按编码	处理人员按照运单上填写的城市航空代码、邮政编码或电话区号进行分拣。按编码分拣有利于分拣自动化;一些快递企业根据自身业务网络和特色,创建了独特的编码,便于企业内部使用

(9)总包包牌(包签)操作规范

包牌(包签),是指快递企业为发寄快件和内部作业而拴挂或粘贴在快件总包袋指定位置上,用于区分快件所属区域、运输方式、发运路向等的信息标志。国内快件的包牌(包签)往往与国际快件的包牌(包签)不同,使用时应准确选择。

项　目	操作规范
操作系统生成包牌	操作系统接收到打印包牌的指令,连接的打印设备随即打印出所需条形码总包包牌(包签)。条形码包含总包包牌的号码、发出地、寄达地、包内件数或票数、重量、封发时间等相关信息。预制的总包包牌(包签)是批量印制或打印而成的,但有此预制的总包包牌(包签)包含的信息只是唯一码,其他如发出地、寄达地、包内件数或票数、封发时间等信息需要手工填写
手工书写包牌	使用规范汉字、阿拉伯数字、代码,填写包牌(包签)各栏内容,不得有涂改或划销
	使用笔头直径在 3 mm 以上的油性唛头笔填写
	准确、完整地填写各项内容,如发出地、寄达地、件数或票数、时间等。设有发寄和留存联的情况,两联填写内容要一致

（10）总包封装操作规范

总包封装是将多个发往同一寄达地的快件，集中规范地放置在包袋或容器中，并将袋口或容器口进行封扎的过程。包袋，也称总包空袋，是用于盛装快件的袋子，由棉、尼龙、塑料等不同材质制成；容器有集装箱、金属笼等。快件的封装离不开包袋或容器，选择的包袋或容器应与快件的体积、重量、所寄内件性质相适应。

包袋（容器）的使用要求

序　号	使用要求
①	不得使用企业规定之外的包袋或容器
②	不得使用有破损的包袋或容器
③	不得使用水湿、污染、形状改变的包袋或容器
④	不得翻用印有其他快递企业标识的包袋或容器
⑤	不得将包袋和容器挪作他用或故意损毁

总包封装的基本要求

封装材料	操作规范
	选用大小适宜的包袋。总包袋的大小应根据快件的数量和体积合理选用，切忌用大号总包袋封装少量快件
	将预制的包签贴在空袋一侧，其粘贴位置应该根据袋（包）内盛装的快件的多少而定，但应在总包封扎后的中上部为宜
	规范地将总包袋置于撑袋车或撑袋架上
	将制作清单后的快件按重不压轻、大不压小、结实打底、方下圆上，规则形放下、不规则形放上的原则装袋
总包袋	内件为易碎或液体物品的快件，单独封袋，与其他快件混封时，要放在最上层
	文件单据型快件、包裹型快件、保价快件、代收货款快件、到付快件、限时快件，应分别封装成总包袋。如果采用混合封装方式，文件单据型快件要捆扎成捆
	快件装袋时，运单朝上摆放
	快件装完袋后，需随袋走的封发清单要放入特制的封套袋。总包袋中不能盛装过满，装袋不宜超过整袋的2/3，重量不宜超过30 kg
	将撑袋车或撑袋架上的袋口卸下收紧
	使用专用或特制的绳或塑料封带，在贴近快件内装物处将总包袋扎紧封口

封装材料	操作规范
轮式笼和集装箱	选用无损坏、无形状改变等的轮式笼和集装箱
	将制作清单后的快件按重不压轻、大不压小、小件填装空隙的原则,装笼或装箱
	笼和集装箱内若有隔板,尽量将轻件的快件、易碎的快件、液体的快件放入上隔
	文件单据类快件与物品类快件混装时,保价快件、代收货款快件、到付快件等同类件集中码放或间隔
	快件装笼或装箱时,运单朝上摆放
	快件装完箱、笼后,清单放入特制的封套中,放在笼或箱的最上面
	正确关闭笼门或箱门
	使用专用或特制的绳或塑料封带,封扎笼门或箱门
	使用绳封扎时,将绳一头穿入锁孔中,穿上袋牌,再穿上封志用品,用专用工具妥封。使用塑料封带封扎时,将封带尾部穿入锁孔中,穿上袋牌,再穿入封带顶部的扣眼中,用力收紧。使用条形码包签时,将包签贴在笼或集装箱正面上部指定区域内

（11）出站快件交接操作规范

交接单是在收寄（派送）网点与分拣中心之间,或分拣中心、中转站等与航运铁路、汽运部门或与委托运输方之间交接时所使用的单据。一般登记快件车辆发出时间、航班号或车次、始发站、经由站、终点站、装载快件数量和重量、快件号码、驾驶员等信息。快件出站交接操作规范如下。

交接方式	操作规范
汽车运输快件交接	指挥或引导车辆安全停靠到指定的交接口、交接台、交接场地
	交接双方共同办理交接
	核对交接的总包数是否与交接单填写票数相符、所交总包单件规格是否符合要求
	检查快件的装载配重和堆码是否符合车辆安全运行标准
	出站快件交接单的发出站、到达站、车辆牌号、驾驶员（押运员）等信息填写是否规范
	交接结束,双方签名盖章,在交接单上加注实际开车时间

续表

交接方式	操作规范
委托运输的航空或铁路快件的交接	核对航空或铁路接收快件上填写的货舱单、航空结算单、货站发货单,看是否与所发快件数量和重量、航班等信息相符
	核对航空快件安全检查,看是否全部符合要求
	核对交发的快件规格、快件总包包牌(包签)是否完好
	交接结束,交接双方要在货舱单、航空结算单、货站发货单上签名盖章

(12)快件装载汽运车辆操作规范

序　号	操作规范
①	装载有两个以上卸交站点的车辆,要按"先出后进"或"先远后近"的顺序装载,并使用隔离网。需要先卸下的快件后装载,后卸下的快件先装载;路途远的快件先装载,路途近的快件后装载
②	装载易碎物品,注意轻拿轻放,离底部下落点小于30 cm方可脱手;装载禁止倒置、翻滚、日晒的快件,或对堆码有重量、层数极限标识要求的快件,应按操作标准进行作业
③	装载体积偏大或偏重的总包和快件,应佩戴专用防护的腰带、穿好防护鞋,并双人协同作业或使用机械设备装载。如果使用机械设备装载,禁止野蛮操作,以及其他任何有可能损坏快件的操作
④	遇到雨雪天气要注意防水,在分拣中心各场地之间倒换快件时要用苫布盖好总包快件,装车时要防止总包快件被雨淋湿
⑤	码放的快件之间不可留有缝隙,每层之间要交错码放,保证车辆转弯或刹车时不会散堆
⑥	快件装载汽运车辆应由两人或两人以上协同作业
⑦	一票多单的快件,要集中装码,避免与其他快件混放
⑧	装载结束,检查作业场地周围有无遗留总包和快件
⑨	装载粗糙包装的快件,应戴专用防护手套
⑩	装载时要保证车辆载重的均衡。在非满载情况下,应注意均匀分配车辆的前后两端和左右两侧的堆码高度和重量,应防止倒落和偏重的现象发生
⑪	要根据重不压轻、大不压小,结实打底,方下圆上,规则形居底、不规则形摆上的原则装载快件。总包袋口一律向外,做到有序、整齐、稳固
⑫	发生渗漏、有破损的总包和快件,一律不得装载,应交专人处理

序　号	操作规范
⑬	装载时,应文明作业,杜绝抛掷、拖拽、摔打、踩踏、踢扔及其他任何有可能损坏快件的行为

课后练习

(一)选择题

1.快件到达中转场的操作不包括(　　)。

A.签收　　　　　　　B.分拣　　　　　　　C.总包封装　　　　　　　D.快件发送

2.关于"先出后进"和"先远后近"原则的理解有误的是(　　)。

A.先卸的快件后装载　　　　　　　　B.后卸的快件先装载

C.路途远的快件先装载　　　　　　　D.路途近的快件先装载

3.散航类业务不涉及(　　)。

A.散航发货　　　　B.散航提货　　　　C.散航批发　　　　D.散航跟货

4.总包的容器有(　　)。

A.尼龙袋　　　　B.麻袋　　　　C.集装箱　　　　D.纸壳箱

5.对汽车运输快件交接的表述错误的是(　　)。

A.指挥或引导车辆安全停靠到指定的交接口、交接台、交接场地

B.核对交接的总包数是否与交接单填写票数相符、所交总包单件规格是否符合要求

C.出站快件交接单的发出站、到达站、车辆牌号、驾驶员(押运员)等信息填写是否规范

D.交接结束,双方签名,无须盖章,在交接单上加注实际开车时间

(二)判断题

1.装载体积偏大或偏重的总包和快件,应佩戴专用防护的腰带、穿好防护鞋,并双人协同作业或使用机械设备装载。如果使用机械设备装载,禁止野蛮操作及其他任何有可能损坏快件的操作。 (　　)

2.快件装完袋后,需随袋走的封发清单要放入特制的封套袋。总包袋中不能盛装过满,装袋不宜超过整袋的3/4,重量不宜超过50 kg。 (　　)

3.快件直封是快件分拣中心按快件的寄达地点,把快件封发给到达城市分拣中心的一种分拣方式。采取这种分拣方式中途需要再次分拣封发,可直接进行快件的派送处理。 (　　)

4.轮式笼和集装箱内若有隔板,尽量将轻的快件、易碎的快件、液体的快件放入上

隔。 （　　）

5.遇到雨雪天气,要注意防水,在分拣中心各场地之间倒换快件时,要用苫布盖好总包快件,装车时要防止总包快件被雨淋湿。 （　　）

技能训练

【实训内容】

通过网络搜集快件分拣工作的相关视频资料,并掌握总包拆解和总包封装的方法和技巧。

【实训目的】

通过本次实训巩固所学理论知识,能够理解中转场的各项管理规范的作用和意义,能够掌握中转员必备的工作技能。

【实训准备】

①电脑及网络。
②纸、笔。

【实训要求】

①能够独立、规范地完成各项任务。
②注意使用礼貌用语。

【实训步骤】

①将全班同学分组,每4~6人为一组,活动以组为单位进行。
②每个小组搜集至少2个中转场运作的相关视频资料。
③列举总包拆解和总包封装的方法和技巧。
④每人写一份不少于1 000字的调研学习总结报告。
⑤各小组组长汇总本小组的调研学习总结报告并上交。

【实训评价】

各小组组长将本组的结果在班上展示,供同学和教师查验,要求有总包拆解、总包封装等内容。

● 小组活动评价

组长负责分配不同的任务给组员,组员完成各子任务。调研学习总结报告要有总包卸载、总包拆解、分拣、总包封装、装载车辆等主要工作流程。小组成员评价表如下,完成任务得40分,如果有遗漏等情况扣减相应分值。

小组成员评价表

小组名称：_____   组长：_____

小组成员	态度/10分	互助与合作/10分	倾听/10分	展示与效果/10分

● 教师评价

教师负责评价每组的任务完成情况,量化评价标准。教师对小组进行评价的标准见下表,总分值为60分。

小组学习评价表

序号	评价指标	分值/分	打分
①	能在规定时间内组员合作完成实训任务,操作规范; 顺利展示,报告观点新颖,表述逻辑性强	50~60	
②	能在规定时间内完成实训任务,操作规范; 能做展示,有自己的观点,表述清楚	40~49	
③	能在教师和其他同学的帮助下完成实训任务,有展示结果	30~39	
④	能在教师和其他同学的帮助下基本完成实训任务,没有展示结果	0~29	

● 教师点评

教师进行点评时,汇总小组内评价,然后针对各小组进行总结点评。点评时以鼓励为主,要注意挖掘每个小组的闪光点。每个同学的最后得分为所在小组得分+成员评价分。

/ 任务四 / 仓管员

案例导入

春节临近,大多数外出打工的人踏上返乡的旅途,期盼早早与家人团聚,共同迎接春节的到来。但有一些人放弃了提前与家人团聚的机会,默默地在工作岗位上"留守"到最后一刻,为他人"保驾护航"。本处的主人公,就是"留守"大军中的一员。

主人公张浩,今年31岁,是某快递企业的一名仓管员,平时负责网点上门寄件、安全管理、操作规范管理等工作。可能大家对仓管员这个名字很陌生,仓管员是物流行业的幕后工作者,快递要先经过他们的手再交给收派员,他们的工作是物流行业里很重要的一环。

除夕这天,记者来到了张浩所在的快递企业网点,见到了这个帅气又可爱的主人公。

"我们365天全年无休。"张浩一见面便这样告诉记者,见记者有些惊讶,他话锋一转,"但是我们可以串休。虽然春节不能连续休息7天,但是也有休息的。为大家服务,我们无怨无悔。"

"我在公司已经工作4年了,今年除夕我'留守'在这里。"被问到除夕是否可以与家人团聚,张浩答道:"我家是本地的,虽然除夕'留守'在这里,但下班后再赶个晚班车回家,也可以跟家人一起看春节联欢晚会,即便是晚点儿,家人也都理解。"

记者了解到,今年春节该市部分快递企业正常营业,并不"打烊"。正是有这么多为百姓"保驾护航"的人,物流才能顺利运转,人们的除夕夜才会更加美满。张浩告诉记者:"今年春节,别的同行都提前放假了,我们的收派件量比以往增加了一倍,即便如此,我们的服务容不得一丝懈怠,春节前顺利把快件派送到客人的手中,是我们最大的欣慰!"

问到新年的愿望,张浩发自肺腑地说:"我最大的愿望就是希望客户对我们理解和支持,大家对我们多一些信任、理解和认可是我们工作的最大动力。"

接下来,我们将学习仓管员的岗位职责、操作规范等。

任务执行

1.岗位职责

①熟练使用岗位所需各种操作工具,做到定期维护设备安全。

②按照企业到发件标准规范及要求,准确、高效地完成分点部的到发件工作。

③按照企业车辆操作标准及要求,安全、高效地完成车辆操作工作。

④了解报关知识,掌握出口标准,预防报关中的常见问题。

⑤了解企业增值服务产品、新推广业务知识及操作要求。

⑥掌握企业形象要求,能够配合客户部,做好快件查询工作,接待上门寄件或取件的客户。

⑦按照企业要求,对物料进行管理及发放,确保物料的合理使用。

⑧熟练掌握9S及日常管理操作。

⑨熟练掌握快件检查、交接等环节的要求,预防出现问题件。

⑩按照企业安全守则,掌握确保人身安全、快件安全的要领。

2.工作流程

仓管员工作流程如图 4-4 所示。

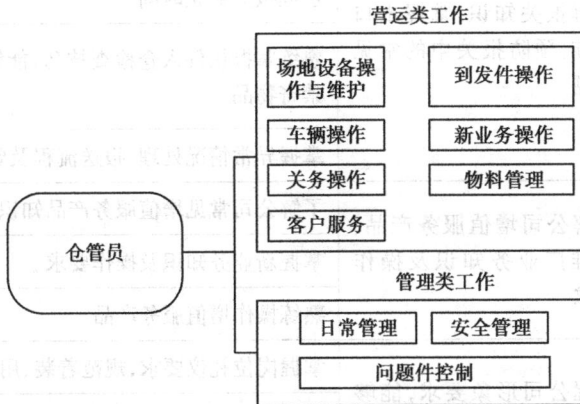

图 4-4　仓管员工作流程

3.操作规范

(1)营运类业务操作规范

业　务	要求与标准	技能要点
场地设备 操作与维护	熟练使用岗位所需各种操作工具,做到定期维护设备安全	熟练使用扫描枪和扫描仪,并掌握维护方法
		熟练使用扫描枪整理子系统、查单系统、运单扫描子系统、工单系统
		掌握磅秤、电子秤、打包机、传送带的使用方法,能准确称取和核查快件重量
		掌握工具、物料存放位置规划,熟练取放
		熟练掌握收派员服务区域分布及交件班次
到发件操作	按照企业到发件标准规范及要求,准确、高效地完成分点部的到发件工作	熟练掌握快件出入仓交接、检查标准及要求
		熟练掌握快件分拣、建包、解包等标准及要求
		熟练掌握到发件异常情况处理流程及要求
车辆操作	按照企业车辆操作标准及要求,安全、高效地完成车辆操作工作	掌握车辆到场、离场指挥规范
		熟练掌握快件装车、卸车的要求及技巧
		熟练掌握到发车检查、封车、登记、交接技巧
		掌握异常情况处理、报送流程及要求

续表

业　务	要求与标准	技能要点
关务操作	了解报关知识,掌握出口标准,预防报关中的常见问题	掌握快件进出口标准要求
		掌握报关截止时间
		熟练掌握快件入仓检查技巧,能够预防出现常见禁寄物品
		掌握异常情况处理、报送流程及要求
新业务操作	了解公司增值服务产品、新推广业务知识及操作要求	了解公司常见增值服务产品知识
		掌握新业务知识及操作要求
		熟练操作增值服务产品
客户服务	掌握公司形象要求,能够配合客户部,做好快件查询工作,接待上门寄件或取件的客户	掌握岗位礼仪要求,规范着装、用语
		掌握规范接听客户电话的流程和技巧
		掌握应答客户常见问题及处理客户意见的技巧
		熟练掌握问题件的跟进与落实技巧
物料管理	按照公司要求,对物料进行管理及发放,确保物料的合理使用	理解物料管理的一般原则
		熟练使用供应系统
		熟练掌握物料申请、接收、发放管理办法
		掌握当月物料审核管理办法
		掌握物料的损耗管理办法

（2）管理类业务操作规范

业　务	要求与标准	技能要点
日常管理	熟练掌握 9S 及日常管理操作	理解分点部管理制度
		熟练掌握现场 9S 操作要求
		掌握分点部定置定位管理
		掌握仓管员换班的工作交接要求
问题件控制	熟练掌握快件检查、交接等环节的要求,预防出现问题件	掌握新问题件基本知识及控制技巧
		熟练掌握快件出入仓检查、交接的要求及技巧
		关注最新信息与操作动态

续表

业　务	要求与标准	技能要点
安全管理	按照企业安全守则,掌握确保人身、快件安全的要领	掌握快件搬运、提举等作业规范要领
		安全、规范地使用操作设备
		掌握消防知识,熟练使用分点部的消防器材
		确保仓库内财产安全

课后练习

(一)选择题

1.仓管员需要熟练掌握的系统不包括( )。

A.扫描枪整理子系统　　　　　　　　B.查单系统

C.运单扫描子系统　　　　　　　　　D.投诉处理系统

2.仓管员的到发件操作不包括( )。

A.投递　　　　　B.分拣　　　　　C.建包　　　　　D.解包

3.仓管员需熟练掌握现场( )操作要求。

A.3S　　　　　　B.6S　　　　　　C.9S　　　　　　D.10S

4.物料管理操作不包括( )。

A.申请　　　　　B.接收　　　　　C.投递　　　　　D.发放

5.仓管员的安全管理工作包括( )。

A.搬运规范　　　　　　　　　　　　B.消防安全

C.交通安全　　　　　　　　　　　　D.仓库内财产安全

(二)判断题

1.仓管员需熟练掌握快件装车、卸车的要求及技巧。　　　　　　　( )

2.磅秤、电子秤、打包机、传送带都是仓管员须掌握的设备。　　　( )

3.礼仪规范与仓管工作无关。　　　　　　　　　　　　　　　　　( )

4.仓管员应掌握公司新业务知识及操作。　　　　　　　　　　　　( )

5.快件的搬运、提举等作业规范要领对于安全管理至关重要。　　　( )

技能训练

【实训内容】

通过网络搜集打包机的种类,并掌握各种打包机的使用方法和技巧。

【实训目的】

通过本次实训巩固所学理论知识,能够理解仓管各项管理规范的作用和意义,能够掌握仓管员必备的工作技能。

【实训准备】

①电脑及网络。
②纸、笔。

【实训要求】

①能够独立、规范地完成各项任务。
②注意使用礼貌用语。

【实训步骤】

①将全班同学分组,每4~6人为一组,活动以组为单位进行。
②每个小组搜集至少2种打包机的资料。
③列举打包机的使用方法和技巧。
④每人写一份不少于1 000字的调研学习总结报告。
⑤各小组组长汇总本小组的调研学习总结报告并上交。

【实训评价】

各小组组长将本组的结果在班上展示,供同学和教师查验,要求有打包机简介、打包机使用方法等内容。

• 小组活动评价

组长负责分配不同的任务给组员,组员完成各子任务。调研学习总结报告要有打包机简介、打包机使用方法等内容。小组成员评价表如下,完成任务得40分,如果有遗漏等情况扣减相应分值。

小组成员评价表

小组名称:＿＿＿＿＿＿＿＿＿＿　　　　　　　　　　组长:＿＿＿＿＿＿＿＿＿＿

小组成员	态度/10分	互助与合作/10分	倾听/10分	展示与效果/10分

续表

小组成员	态度/10分	互助与合作/10分	倾听/10分	展示与效果/10分

● 教师评价

教师负责评价每组的任务完成情况,量化评价标准。教师对小组进行评价的标准见下表,总分值为60分。

小组学习评价表

序号	评价指标	分值/分	打分
①	能在规定时间内组员合作完成实训任务,操作规范; 顺利展示,报告观点新颖,表述逻辑性强	50~60	
②	能在规定时间内完成实训任务,操作规范; 能做展示,有自己的观点,表述清楚	40~49	
③	能在教师和其他同学的帮助下完成实训任务,有展示结果	30~39	
④	能在教师和其他同学的帮助下基本完成实训任务,没有展示结果	0~29	

● 教师点评

教师进行点评时,汇总小组内评价,然后针对各小组进行总结点评。点评时以鼓励为主,要注意挖掘每个小组的闪光点。每个同学的最后得分为所在小组得分+成员评价分。

任务五　客　服

案例导入

小兰毕业后进入某快递企业总部的客服部工作。一天,一位客户打电话投诉,情绪非常激动,原来该客户在网上买的东西收到货时已经损坏了。小兰在接到这位客户的投诉之后冷静应对,及时安抚客户的情绪后询问了客户的具体信息,并告知客户会有专人处理此事。客户对客服的服务态度很满意。

快递客服人员在日常工作中会面临如接单、咨询、投诉等各种业务,那么在处理这些业务时,他们的工作规范有哪些? 有什么需要注意的事项呢?

任务执行

1.岗位职责

①认真执行企业各项规章制度和标准化操作流程。

②负责客户的接单工作。

③负责下单安排,通知收派员取单。

④负责处理客户的咨询、查询订单等业务。

⑤妥善处理客户的投诉业务,维护企业在客户心目中的形象。

2.工作流程

①接单工作流程如图 4-5 所示。

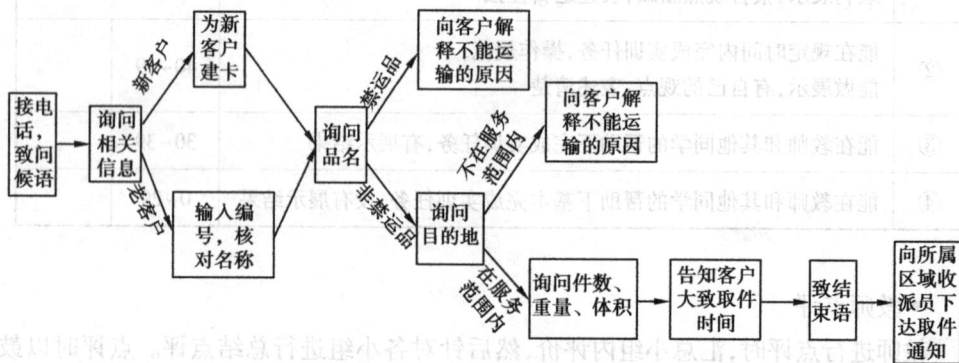

图 4-5 接单工作流程

②咨询、查询和投诉工作流程如图 4-6 所示。

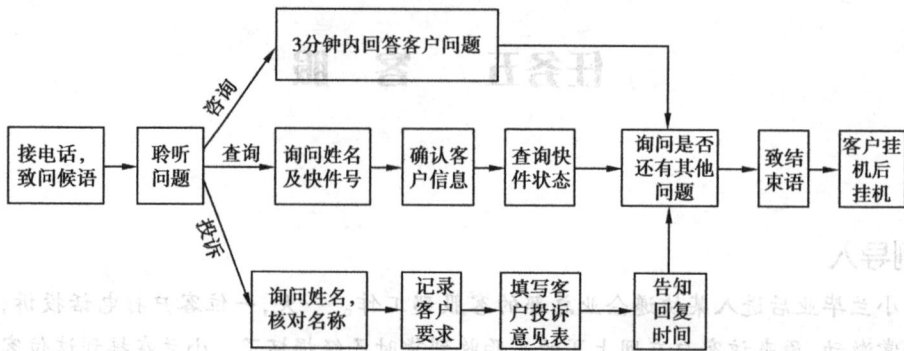

图 4-6 咨询、查询和投诉工作流程

3.操作规范示例

（1）客服人员座席工作区域使用规范

①电脑置于桌面左侧，主机置于桌下固定摆放处，显示器角度以座席本人感觉适度为准。

②座席代表姓名牌挂于外屏风上，不得随便移动姓名牌位置。

③不可随意移动座席电脑主机和显示器的摆放位置。

④座席物品摆放整齐，工作台面不可放置与工作无关的私人物品。

⑤座席工作区未经允许，禁止使用外接拖线板插座。

⑥保持工作区域内整齐、干爽、清洁，严禁吸烟。

⑦在工作区域内不得干扰他人工作。

⑧暂时离开座位时，耳麦放置于屏风右侧；当值时，需将耳麦戴于头上；非当值时，将耳麦放置于座席固定摆放处。

⑨爱护公共物品，不得在座椅及工作台上乱涂乱画。

⑩不得在座席区域接听、拨打与工作无关的电话。

⑪座席工作台上可放置的物品：笔、记录纸、脚本文件和相关办公用品。

⑫下班时，将桌面整理干净，将座椅推进工作台。

（2）接单工作的标准规范

①对于新客户，要详细询问发件人姓名/公司名称、地址、电话、联系人、派送目的地、快件重量与体积、特殊服务要求等。对上述信息要进行复述，得到客户确认后，告知客户上门取件的大致时间，并致结束语。

②对于老客户，在客户报出名称或电话号码后，能够从电脑中迅速调出客户的资料，核对联系人、联系电话、派送目的地；复述相关信息，得到客户确认后，告知客户上门取件的大致时间，并致结束语。

③收到客户委托件的传真，记录完整的收方和寄方客户信息（客户姓名/公司名称、联系人、联系电话、特殊服务要求、付款方式等）；如有传真不清楚、付款方式不明确、地址不详等问题，要及时与委托方客户联系确认；如果没有问题，收到传真后，与寄方客户联系确认。

④准确记录接单内容，快速输入电脑，保证客户资料的准确性；力争在5分钟之内，通知快件所属区域的收派员取件；如果是重货（大件），通知中转场主管，再通知大货司机取件。

⑤在规定时限内，客户反映无人取件，请客户继续等待，再次通知收派员尽快取件。

⑥超出规定时限，客户反映还未取件，将情况通知作业主管，派机动人员前往取件。

⑦如因截单时间已到,再迟就无法赶上作业班车,造成收派员取件失约,应向客户表示歉意,征求客户同意后,另约取件时间,并记录这一情况。

(3)咨询、查询和投诉工作的标准规范

①回答客户的业务查询时要做到准确、到位,具体包括:服务热线、营业时间、服务范围、服务形式、产品种类、运费计算方式、禁运品范围、收派时限、截单时间、作业班车时间表等。

②灵活地向客户做出留有余地的回答,对派送时间不可完全承诺。

③客户要求传真价格表、服务产品等资料,要力争在10分钟之内传真给客户。

④客户查询快件状态信息时,应在3分钟内答复客户。

⑤情节较轻、情况单纯的投诉,应当时给予答复和解决。

⑥取件方面的投诉,接单员回答不了的,转交给接单部门主管处理;其他方面的投诉,接单员回答不了的,转交给查询部门主管处理。

(4)客服工作中的注意事项

①接单工作。

A.因快递运输中存在不可控风险,不宜对客户做出完全承诺,只能说正常情况下什么时间可以送达。

B.接听客户电话时,要耐心聆听、认真记录,不明白的地方要主动询问。

C.对待收派员要态度和蔼,尽可能为收派员提供便利。

D.不可把工作情绪转移到收派员身上,影响一线员工的服务质量。

E.当无法联系到收派员时,应将情况做好记录,移交给作业主管处理。

②咨询工作。

A.对业务流程要相当熟悉,尽量减少客户等待的时间。

B.不可随意将内部电话、内部资料等告诉客户。内部电话是指服务热线以外的所有后勤电话号码;内部资料是指营业执照复印件、网络内联络方式、企业制度以及客户资料等。

C.如客户索取业务宣传资料,应记录客户传真号码和联系人,在30分钟内回复。

D.如不能及时回答客户问题,应记录客户所提问题、电话号码和联系人,挂机后致电。

③查询工作。

A.如果查单系统里没有所查快件资料或资料不完整,应记录客户提出的问题、联系电话和联系人,挂机后致电相关部门再作了解,力争在30分钟内回复客户查询结果。

B.如果派件延误属实,询问客户资料及联系电话,向辖区收派员或其他区询问、催派此件,在30分钟内回复客户。

C.如果系统显示无回单资料或客户反映无此签收人,则按收派员的工号查询,并询问客户资料及联络电话,告知客户回复时间。

D.如果客户索要签收单,可从电脑中调出后打印再传真;也可请作业内勤协助,直接传真给客户;还可建议客户上网查看,自己打印。

E.解答客户问题,不可过于笼统,应避免使用过多的专业术语。

④投诉工作。

A.应当注意沟通技巧,不可与客户发生直接冲突。

B.如客户提出索赔要求,告知客户须从寄件日起15天内,以书面形式提出索赔要求,并附相关证明;超过规定期限提出索赔要求的,视为自动放弃索赔权利。

课后练习

简答题

1.请简述客服工作的岗位职责。

2.客服人员座席工作区域使用规范有哪些?

3.接单工作的标准规范有哪些?

4.在接单工作中,有哪些注意事项?

5.咨询、查询和投诉工作的标准规范有哪些?

技能训练

【实训内容】

①快递行业中客服的工作规范。

②快递行业中客服工作的注意事项。

【实训目的】

通过本次实训巩固所学理论知识,能够理解快递行业中客服人员的工作规范,能够掌握快递行业中客服人员面对不同业务时的工作注意事项,增强工作责任心。

【实训准备】

①学校快递实训基地。

②电脑及网络。

③联系校园菜鸟驿站。

【实训要求】

①能够独立、规范地完成各项任务。

②注意使用礼貌用语。

【实训步骤】

①将全班同学分组，每4~6人为一组，活动以组为单位进行。

②每个小组成员分别模拟客服人员在遇到不同业务时的工作情况，在实训过程中理解、掌握客服人员的工作规范和注意事项。

③去学校快递实训基地实地学习、模拟演练。

④各小组选派一名同学代表对本小组实训情况进行汇报阐述。

【实训评价】

各小组将本组的实训体会在班上展示，供同学和教师查验，要求派出组员模拟在不同业务场景时的工作规范和注意事项等内容。

• 小组活动评价

组长负责分配不同的任务场景给组员，组员完成各子任务，模拟客服人员在不同业务场景时的工作规范和注意事项等。小组成员评价表如下，完成任务得40分，如果有遗漏等情况扣减相应分值。

小组成员评价表

小组名称：_____   组长：_____

小组成员	态度/10分	互助与合作/10分	倾听/10分	展示与效果/10分

• 教师评价

教师负责评价每组的任务完成情况，量化评价标准。教师对小组进行评价的标准见下表，总分值为60分。

小组学习评价表

序号	评价指标	分值/分	打分
①	能在规定时间内组员合作完成实训任务，操作规范；顺利展示，报告观点新颖，表述逻辑性强	50~60	

续表

序号	评价指标	分值/分	打分
②	能在规定时间内完成实训任务,操作规范; 能做展示,有自己的观点,表述清楚	40~49	
③	能在教师和其他同学的帮助下完成实训任务,有展示结果	30~39	
④	能在教师和其他同学的帮助下基本完成实训任务,没有展示结果	0~29	

● 教师点评

教师进行点评时,汇总小组内评价,然后针对各小组进行总结点评。点评时以鼓励为主,要注意挖掘每个小组的闪光点。每个同学的最后得分为所在小组得分+成员评价分。

项目五｜职业形象和标准术语

知识项目

1.掌握仪容仪表标准。
2.掌握取派件动作标准。
3.掌握取派件标准话语。
4.理解常见问题的回答技巧。
5.掌握客服咨询标准术语。

能力项目

1.会熟练使用取派件的标准话语。
2.会熟练使用客服咨询的标准术语。
3.会用规范动作为寄取件客户服务。

素质项目

1.培养爱岗敬业、操作规范的职业素养。
2.培养对快递岗位的情感。

教学重点

1.取派件动作标准。
2.取派件标准话语。
3.客服咨询标准术语。

教学难点

1.取派件标准话语。
2.客服咨询标准术语。

任务一　职业形象

案例导入

从心理学的角度看,形象是人们通过视觉、听觉、触觉、味觉等各种感觉器官在大脑中形成的关于某种事物的整体印象,简言之是知觉即各种感觉的再现。有一点认识非常重要:形象不是事物本身,而是人们对事物的感知。不同的人对同一事物的感知不会完全相同,因而其正确性受到人的意识和认知过程的影响。由于意识具有主观能动性,因此事物在人们头脑中形成的不同形象会对人的行为产生不同的影响。

快递行业从业人员职业形象的好坏会直接影响客户对快递企业的印象,那么快递行业从业人员应从哪些方面来提高自身的职业形象呢?

任务执行

1.仪容仪表标准

(1)总体要求

快递行业从业人员应做到"讲卫生、头面净、口齿清"。"讲卫生"指快递行业从业人员要讲究卫生,保持良好的仪容仪表;"头面净"指头发和面部要保持洁净、无污垢;"口齿清"指口腔和牙齿要保持清洁、无异味。

①工作期间应统一着工作服并佩戴工作牌。

②应注重仪容仪表,要衣冠整洁,不穿拖鞋、短裤上班,因私外出不许穿工作服。

③应讲究卫生,适时梳洗、勤剪指甲,身体不能有异味。

④男员工发不盖耳、不留胡须,女员工应保持清雅淡妆,不得浓妆艳抹。

⑤应注意坐姿,上身挺直,与他人谈话时两腿不得翘叠和晃动,站立时应挺胸、收腹,不得叉腰、抱肩,不得倚靠他物。

(2)员工仪容仪表统一标准

仪容仪表包括着装、头发、手部、耳部、口腔、面部、胡须、工作牌、身体、皮带、鞋袜、饰物等。

①着装:穿企业统一服装,用企业统一工作牌与公包。上装扣子系到第2粒处,领口整齐外翻,下摆扎在裤子内;夏装穿深色长裤,长短、肥瘦要适宜,裤口自然下垂、不挽起。

②头发:长短适中,要勤洗,无头皮屑,且梳理整齐;不染发,不留长发,以前不盖

额、侧不掩耳、后不及领为宜；保持端正的发型（女员工要把头发扎起来）。

③手部：保持手部清洁，指甲修剪整齐，指甲不得长于指尖；男员工、女员工都不得涂指甲油。手指不能佩戴造型奇异的戒指，佩戴戒指的数量不超过一枚。

④耳部：耳郭、耳根保持清洁，耳孔经常清理，不留分泌物。

⑤口腔：保持口腔无异味，用餐与吸烟后要及时漱口，保持牙齿清洁，不留牙垢和饭后残留物，上班时不食用味重的食物，不大量吸烟。

⑥面部：男员工刮净胡须；面部保持清洁，眼角不可留有分泌物，如戴眼镜，应保持镜片清洁；保持鼻孔清洁，平视时鼻毛不得露于鼻孔外；女员工化淡妆。

⑦胡须：男员工经常剃须，不蓄须。

⑧工作牌：别在工作服左胸印有企业徽标的上方，位置居中。

⑨身体：勤洗澡，身体无异味，严禁纹身，不使用气味浓烈的香水。

⑩皮带：选择深色系，皮带外露时不系艳色皮带，皮带上不挂钥匙及饰物。

⑪鞋袜：穿深色皮鞋或休闲鞋，配深色袜子，鞋面保持整洁，不穿球鞋、老头鞋，不穿带钉鞋、露脚趾凉鞋及拖鞋。女士穿凉鞋时脚趾不涂过于怪异的颜色。

⑫饰物：不佩戴过大或张扬的戒指、耳环、手镯、项链、腰带等。

（3）收派员仪容仪表标准

①工作时间戴企业统一配发的工帽，要求工帽干净整洁，帽子不得歪戴、反戴。

②上装按季节统一穿企业的工服，要求保持干净整洁。春、秋季穿夹克式工服，要求将衣服拉链提到胸前与企业徽标同齐的位置，领子整齐外翻，内穿衬衫，衬衫下摆束于腰带内；夏季穿短袖 T 恤工服，要求领口纽扣系至第 2 粒，衣领整齐外翻，下摆束于腰带内；冬季在南方，穿夹克式工服，在北方则在夹克式工服外穿企业统一配发的棉服。

③下装穿企业统一配发的长裤，要求干净整洁。

④工作时间应穿企业统一配发的皮靴，要求系好鞋带，鞋面干净、无泥垢。

2.动作标准

（1）基本动作标准

①工作姿势标准。

站立时不能挡住客户的视线；必须遵循右侧通行的原则；在通道走廊行走时，必须放轻脚步，用快步走代替跑步，以免影响客户工作。在行走时如遇到客户，必须主动让客户先行；人多时必须注意躲避，以免损坏客户的快件；在客户处，必须经客户允许才能就座；要移动椅子的位置时，必须先把椅子放在应放的地方再坐；离开座席时，必须把椅子放回原处并摆放整齐。

②公共行为规范。

遵纪守法、尊老爱幼、乐于助人、见义勇为，爱护公共设施，爱护公共绿地，不践踏草坪,不采摘花朵,爱护园林设施,不乱画、不乱刮;严格遵守工作时间,做到不迟到、不早退,不在工作期间打扑克、打麻将,不得聚众赌博;下班前必须整理好所用物品,并在规定位置摆放整齐;保持公共洗手间的清洁,使用后务必冲水、洗手。

(2)服务动作规范

①上门服务:将手机设置为震动或无声状态,尊重客户,愉快地主动打招呼,交谈时口齿清晰,态度端正。

②窗口服务:主动向客户问好,询问客户的需求,热情耐心地回答客户问题,帮助和指导客户完成快件收寄业务。

③接递物品:双手递上或接受物品,需要客户签字时双手将文件递上,使文件正面对着客户。

④电话服务:以客为先,礼貌友好,以愉快良好的心情接听每一个电话,面对态度欠佳的客户,应婉转地与客户沟通;要用语文明,经常用"先生""女士""您好""请""不客气""谢谢""对不起""麻烦您""再见"等词;音量恰当,咬字清晰,语速适中,语调柔和、亲切,用语规范;及时接听,在电话铃声响三次内接听;保持礼貌,遇态度粗暴的来电,需保持礼貌,确认问题,问题不好回答时可记录下来,注意记录来电者的姓名、单位、电话号码等信息。

⑤装卸、搬运、仓储等服务:能往下则不往上,能直行则不拐弯,能用机械则不用人力,能水平则不上斜,能连续则不间断,能集装则不分散,能滚动则不滑动,能滑动则不搬动,能白天则不晚上;大不压小,重不压轻,方不压圆,木不压纸,泡上重下,标签朝外,箭头朝上,面向主通道,堆码整齐,防止串味,上下压缝,奇偶相间,下垫上盖,干湿分离,异味分隔,远先近后,隔离得当,平衡配车。

课后练习

(一)选择题

1.下列关于快递人员仪容仪表的说法错误的是(　　　)。

A.快递工作人员应做到"讲卫生、头面净、口齿清"

B.工作期间应统一着工作服并佩戴工作牌

C.男员工发不盖耳、不留胡须

D.可以不穿企业统一服装

2.下列关于快递人员动作标准的说法错误的是(　　　)。

A.站立时不能挡住客户的视线

B.在通道走廊行走时,必须放轻脚步

C.为了不让客户等太长时间,可以不让客户先行

D.在客户处,必须经客户允许才能就座

（二）简答题

1.简述收派员仪容仪表标准。

2.简述收派员上门服务动作规范。

3.简述快递行业从业人员电话服务动作规范。

技能训练

【实训内容】

①关于收派员仪容仪表的调研。

②关于收派员服务动作规范的调研。

【实训目的】

通过本次实训巩固所学理论知识，了解收派员仪容仪表标准，掌握收派员服务动作规范和注意事项，增强工作责任心。

【实训准备】

①学校快递实训基地。

②电脑及网络。

③校园菜鸟驿站。

【实训要求】

①能够独立、规范地完成各项任务。

②注意使用礼貌用语。

【实训步骤】

①将全班同学分组，每4~6人为一组，活动以组为单位进行。

②每个小组通过网络对快递行业从业人员职业形象相关资料进行全面搜集。

③去学校快递实训基地实地学习调研。

④各小组完成调研学习总结报告，并制作PPT。

⑤各小组选派一名代表对本小组汇总的调研学习总结报告作汇报阐述。

【实训评价】

各小组组长将本组的结果在班上展示，供同学和教师查验，要求有收派员仪容仪表标准和收派员服务动作规范等内容。

• 小组活动评价

组长负责分配不同的任务给组员,组员完成各子任务。调研报告要有收派员仪容仪表标准和收派员服务动作规范等内容。小组成员评价表如下,完成任务得 40 分,如果有遗漏等情况扣减相应分值。

小组成员评价表

小组名称:_____ 　　　　　　　　　组长:_____

小组成员	态度/10分	互助与合作/10分	倾听/10分	展示与效果/10分

• 教师评价

教师负责评价每组的任务完成情况,量化评价标准。教师对小组进行评价的标准见下表,总分值为 60 分。

小组学习评价表

序号	评价指标	分值/分	打分
①	能在规定时间内组员合作完成实训任务,操作规范; 顺利展示,报告观点新颖,表述逻辑性强	50~60	
②	能在规定时间内完成实训任务,操作规范; 能做展示,有自己的观点,表述清楚	40~49	
③	能在教师和其他同学的帮助下完成实训任务,有展示结果	30~39	
④	能在教师和其他同学的帮助下基本完成实训任务,没有展示结果	0~29	

• 教师点评

教师进行点评时,汇总小组内评价,然后针对各小组进行总结点评。点评时以鼓励为主,要注意挖掘每个小组的闪光点。每个同学的最后得分为所在小组得分+成员评价分。

任务二 标准术语

案例导入

标准是对一定范围内的重复性事物和概念所做的统一规定。它以科学、技术和实践经验的综合成果为基础，以获得最佳秩序、促进实现最佳社会效益为目的，经有关方面协商一致，由主管机构批准，以特定形式发布，作为成员共同遵守的准则和依据。

收派员服务话语的标准化直接体现了快递企业服务的质量，那么收派员取派件时的标准术语有哪些呢？

任务执行

1.取派件标准术语示例

场景(1)：取件前与客户电话沟通

收派员：您好，先生(女士)！我是××快递公司的收派员×××，您有货物需要我们公司代为发送是吗？我想和您核实一下取货地点和取货时间。

[××先生(女士)：已经准备好了，你直接过来吧，地址是××××××。]

收派员：好的，地址我已经记清楚了，大约20分钟后去取货，您看可以吗？

[××先生(女士)：好的，到了直接上楼找我就可以了。]

场景(2)：进门

收派员：您好！我是××快递公司的收派员×××，我是来收取××公司××先生(女士)的快件的。

[接待人：××先生(女士)，您好！××快递公司的收派员来取件。]

场景(3)：取件

收派员：先生(女士)，您好！我是××快递公司的收派员×××，请问您要发的快件准备好了吗？

[××先生(女士)：我要寄这些东西。]

场景(4)：货物是禁运品

收派员：有些物品属于禁运品，我们公司是不予受理的，请允许我为您当面检查一下，好吗？

[××先生(女士)：你们有哪些物品是不收寄的呢？]

收派员:易燃易爆品、化学危险品以及国家禁止收寄的物品,我们都是不受理的。

[××先生(女士):放心,我这里没有你说的那些物品,不用检查了吧?]

场景(5):开箱验货

收派员:为了对您负责,也为了您快件的安全,请允许我帮您确认一下物品的性质与数量,以免有遗漏,好吗?

[××先生(女士):那好吧。]

场景(6):货物是航空禁运品

收派员:对不起!××先生(女士),根据航空公司相关管理规定,您所发的物品是航空禁运品,所以很抱歉,无法为您提供航空快递服务,建议您通过我公司普件方式委托寄递此快件。

[××先生(女士):那好吧,请问几天能到达北京呢?]

收派员:普件通过陆运,3~4个工作日可以送达。

场景(7):包装不合理及到付款确认

收派员:对不起!××先生(女士),您所包装的货物不符合快递运输的要求,为了货物的安全,我可以和您一起用您手中的材料将货物合理包装;若您手中没有包装材料,我也可以给您提供包装服务,但您需要对包装材料付费。

[××先生(女士):那你给我包装一下吧。]

收派员:××先生(女士),这个快件是您付款还是收件人付款?

[××先生(女士):由收件人付款。]

收派员:您事先和他联系确认过吗?

[××先生(女士):那没有。]

收派员:××先生(女士),是这样的,如果这个快件到达目的地后,收件方拒绝支付运费,会为您和我们都带来一定的不便,我们多次重复派送产生的费用也会由您来承担。

[××先生(女士):我确认一下吧。]

……

[××先生(女士):已经确认好了,由收件人付款。]

收派员:好的。

场景(8):提醒客户进行保险

收派员:××先生(女士),您要寄送的快件价值多少钱?我们运单上有一项内容是您委托我们运送快件的声明价值。

[××先生(女士):价值3 000元。]

收派员:××先生(女士),现在我们公司提供货物保价,为了保障您的利益,我建议您为您的货物上份保险,保价费率仅3‰。买保价就是规避风险,买个放心。

［××先生(女士)：我相信你们××快递公司,一直找你们寄件,没出现过什么问题。］

收派员:是这样的,我们可以承诺我们内部操作环节不出问题,可是不能保证货物在任何环节都不出现异常,比如货物在航空、铁路运输过程中出现破损或者其他异常情况。如果货物因我们的过失而出现问题,根据《中华人民共和国邮政法》,我们是按照最高赔偿额不超过资费的三倍进行赔付的。

［××先生(女士)：那好,就买个保价吧。］

场景(9):客户签名

收派员:××先生(女士),请在这里填上寄件日期、时间,并写上您的姓名。

［××先生(女士)：好的。］

收派员:××先生(女士),这联是给您留底的,请您保管好,可以根据此凭证上的运单号,通过我公司网站进行跟踪查询,如有什么问题以此单为证。

场景(10):与客户道别

收派员:××先生(女士),很高兴能为您服务,××快递公司的快递网络已经遍布国内,这是××快递公司的联系电话和服务范围,以后您有快件要发的话,请考虑××快递公司。

［××先生(女士)：好的,我会考虑的。］

收派员:谢谢您选择××快递公司的服务,欢迎您随时致电全国客户服务热线,谢谢! 再见。

2.常见问题回答技巧示例

问题(1):如果我的快件在运输途中丢了怎么办?

一方面,我们公司内部有严格的运输控制体系,此种情况发生的概率很小,我们统计只有不到1/10 000的概率。另一方面,对出现的丢失和破损情况,我们不会逃避责任,我们内部同样有一套完善的理赔制度,会有专人负责跟进相应的理赔工作,并依照相关制度采取合理的补救措施。我们公司在快件操作流程上有一系列的安全监控措施,如果快件在运输途中丢失,我们就按照相应的条款对您进行赔付。如果您购买了保险,提供齐全的理赔资料,我们会按照保险规定赔给您;如果没有买保险,我们会给予一定的经济补偿。为了减少损失,我们建议您为您的快件购买保价。

问题(2):如果快件晚点怎么办?

我们公司依托航空、公路、铁路三位一体的运输方式,是能够保证快件准点到达的,但是任何一家快递公司都无法完全避免快件晚点情况的发生,快件一旦晚点,我们会减免部分运费作为补偿。

问题(3):我无法确认由你们运送快递是否安全。

我们有规范的操作流程,为快件运送提供绿色保护通道,同时我们在很多线路上配备了自己的物流班车,有完善的信息跟踪系统,所有快件都在我们的监控范围内,我们能够随时监控快件状态,从而保障了快件运送的安全性,所以请您放心选择××快递公司,希望以后我们能够合作愉快。

我们从收您的快件开始,直到送至收件人的手中,快件经过的每一个环节,均可通过扫描条形码进行全程跟踪,所以不论什么时候您想知道快件在何处,您只要致电我们的全国客户服务热线或登录我们公司网站、微信公众号,就可以查询到快件的实时状态。

问题(4):你们公司的全国客户服务热线,有时很难接通。

首先,我们公司的优质服务得到了广大客户的认可,业务量迅猛增长,前段时间确实有这样的情况发生。公司领导非常重视这个问题,已经通过增加座席、合理调班等方式改进工作。欢迎您上我们公司网站下单并随时提出宝贵意见,以便我们更好地提高服务质量。

问题(5):请问拨打全国客户服务热线怎么收费?

全国客户服务热线并非声讯电话,您拨打热线应支付的费用与普通的市内电话费用一样,长途费用由我们公司承担。

问题(6):你们公司与其他快递公司比较,有什么优势?

我们公司的业务比其他快递公司多,例如普件业务、代收货款业务、仓储服务、到付业务、异地调货业务等,而且我们公司普件及小件业务的性价比比较高,网络覆盖面比较广,知名度也比较高。

我们公司的服务态度比较好,能更多地满足客户的个性化服务,跟踪查询货物更方便快捷,货物到达得也比较快。

问题(7):为什么有些地方××快递公司可以送到,你们公司送不到呢?

每个公司的经营方式不同,我们公司与其他公司的最大差别就是每一个服务网点都是自己建设的,不采用加盟或其他方式。这从快递体系上保证了快件的安全性。我们希望配合每个客户的需要,但同时也会评估我们的服务体系,对于达不到设点要求的区域,我们宁可不设点,也不会将客户的快件交给当地的代理商,这也是对客户负责啊。

问题(8):我找××快递公司寄快件很久了,你们的服务和网络都还比不上他们。

我们公司进入本地市场比较晚,本地的服务网络与××快递公司有一定的差距,但是我们公司正在利用公司的综合优势积极地提升本地的服务质量。另外,正因为我们公司是后来者,所以对客户有更高的重视度和配合的诚意。对客户来讲,多了我们公司这个选择,只会享受到竞争带来的好处。您可以考虑先试用我们公司几单业务,我会将运送结果提交给您参考,这样您就可以通过与其他快递公司的比较,了解我们公司的服务特色和优势了。

问题(9)：为什么你们公司的价格比较高？我觉得快递公司都差不多，你们公司有什么优势？

每家公司的价格模式都有所不同，但我们公司有很多优势是值得您考虑的，例如：

①我们公司注重安全性。我们公司的运输网络都是自己组建的，并通过高科技的业务系统全程跟踪快件在各个运输环节的安全情况。

②我们公司有完善的售后服务，可以为您跟踪快件；实行限时收派件服务，上门收送；付款方式灵活，提供签回单等服务；出口件不会额外加收其他费用（如报关费）；运送速度快、安全性高。

③我们公司不断推出增值服务，如短信服务，只要您寄件时在运单上留下您的手机号码，快件在到达收件人处后就会收到我们公司发给您的短信，告知您快件签收的情况。

所以我们公司的服务是物有所值的，而且是"门对门"服务，付款方式灵活。您不妨先体验一下我们公司的服务，相信不会让您失望的。

问题(10)：为什么你们公司的价格比较高呢？

在一定程度上，价格是服务水平的标志。我们公司为您提供的是全程"门对门"服务，而且在货物的时效性和安全性方面是通过系统全程跟踪来提供服务和保障的，我们公司以最快的速度提供准确、安全的服务，让您和您的客户更满意。在能提供这类服务的公司中，我们公司的价格属于中等水平，您说价格高吗？

问题(11)：为什么陆运件到件时间这么长，却和航空件的收费标准一样？

因为您的物品虽然不是通过航空运输，但我们会通过陆运专线给您运送到目的地，而陆运专线的成本不低于航空运输，故陆运件的收费标准与航空件一致。

问题(12)：你们公司陆运件的到达时效承诺怎么这么含糊？

因为陆运件的运输时效较长，考虑天气、车辆状况、交通等各方面因素，所以我们公司在时效方面的承诺是以天为单位的。

问题(13)：是不是所有航空违禁品都可以走陆运？

不是，航空违禁品分为航空违法禁寄品和航空违规禁寄品，其中航空违法禁寄品是不能走陆运的。请问您需要投递的是什么物品？

问题(14)：为什么每次你们公司的收派员都那么忙，不愿意多等我们一下呢？

不是我们不愿意多等，主要是为了您的快件能更早到达目的地。我们公司每天有很多班次的快件，中转快件越早进入中转环节，您的客户就越早收到快件。如果收派时错过了某个班次，就必须等下个班次。所以我们公司会尽量避免由于等待过久而耽误了其他客户寄件，这也是为客户着想，请您理解并给予支持，谢谢。

问题(15)：你们公司号称速度快，为什么下单时说一个小时内取件，但经常晚点呢？

非常感谢您一直以来给予我们公司的支持,这是因为这段时间我们公司业务量不断增加,发件时间相对集中。不知道您有没有发现,很多人都在下班前一两个小时一次性下单,其实这是很不划算的,在下班高峰期车多、人多、快件多,在这个时段下单,偶尔会出现收派员迟到的现象。我们公司的服务是全天候的,请您适当调整发货时间,以免耽误您宝贵的时间,对给您带来的不便,我代表公司向您道歉。

问题(16):为什么不多给我们一些备用运单?

我们公司收派员每天都会随身携带一定的运单、胶带等常用装备,但数量有限,所以提供给每位客户的运单数量有限。如果您需要运单,也可随时拨打客户服务热线,通知我们公司的客服人员,他们会安排专人给您派送运单。

问题(17):你们的服务是将快件送到家门口,为什么有些地方超过范围就不送,有些还要自取?

现在我们公司的网络每月都在扩展,根据客户的意见我们明年也会进一步开通一些新区域的派送,但有些地方实在太偏,开通派送服务的话会造成两种可能情况,一是保证不了高质量的快捷服务承诺,二是快件的安全隐患大。所以我们建议您还是到就近的营业点自取,开通派送服务以后,我们一定会尽快帮您送去。

问题(18):陶瓷花瓶等易碎品可以买保价服务吗?

因为易碎品的特殊性,在运输途中其很容易发生破损,保险公司对易碎品是不予承保的,所以我们公司的保价服务也是不包括易碎品的。

问题(19):你们公司催收月结款为什么那么紧?

因月结款付款日期是贵公司与我们公司在签订月结协议时一起约定的,这个付款时间对我们公司的财务制度影响很大,如果超时付款,我们公司财务没办法结账,公司正常运作就受影响。相信贵公司如果遇到同样情况,也会和我们一样左右为难。为了确保我们能给您提供优质的服务,所以希望您能理解并支持我们的工作,谢谢您对我们工作的配合。

问题(20):我们公司的损失这么大,你们给的理赔却很低,这怎么行?

给您造成损失和不便,我们十分抱歉。我们公司的理赔规定是以国家相关法律法规为基础制定的,规定除客户自行购买保险或保价外,对于客户的货物损失,我们在理赔时会从客户角度出发,尽量考虑货物的损失金额,保障客户的最大利益。作为长期与我们公司合作的客户,相信您也可以理解。我们公司只按重量收取了客户有限的服务费用,对于全部货物的价值损失风险,我们公司希望能与客户一起来合理分担。

问题(21):你们公司的包装袋为什么不能再美观一些?

我们公司现在使用的包装袋轻便防水,是根据大部分客户的要求设计定做的,我们公司也一直在对包装材料进行改进。如果您有宝贵的建议欢迎告诉我,我一定会把您的建议反映给公司,做出一款让大家满意的,更漂亮、更实用的包装袋,谢谢您对我们公司的关心。

问题(22):你们公司怎么不提供包装物料啊?

由于很多客户寄递的物品形状都是很不规则的,我们公司很难统一包装物料的规格,特别是一些易碎易损件的包装物料。客户是最清楚物品价值的,所以为了避免货品损坏,请您按照自己的标准准备好包装物料,我们公司的收派员会当场为您打好包装。

课后练习

简答题

1.如果客户提出等待上门取件等了好长时间,收派员该怎么回答?

2.如果客户提出贵公司的价格比其他快递公司的贵,收派员该怎么回答?

3.如果客户要寄递的物品是禁运品,收派员该如何提醒和委婉地拒绝客户?

4.收派员在上门取件前如何与客户电话沟通?

技能训练

【实训内容】

①取件标准术语。

②收件标准术语。

③常见问题回答技巧。

【实训目的】

通过本次实训巩固所学理论知识,了解收派员取件标准术语、收件标准术语和常见问题回答技巧,增强工作责任心。

【实训准备】

①学校快递实训基地。

②电脑及网络。

③联系校园菜鸟驿站。

【实训要求】

①能够独立、规范地完成各项任务。

②注意使用礼貌用语。

【实训步骤】

①将全班同学分组,每 4~6 人为一组,活动以组为单位进行。

②每个小组通过网络对快递行业从业人员标准术语相关资料进行全面搜集。

③去学校快递实训基地实地学习调研。

④各小组完成调研学习总结报告,并制作 PPT。

⑤各小组选派一名代表对本小组汇总的调研学习总结报告进行汇报阐述。

【实训评价】

各小组组长将本组的结果在班上展示,供同学和教师查验,要求有取件标准术语、收件标准术语和常见问题回答技巧等内容。

● 小组活动评价

组长负责分配不同的任务给组员,组员完成各子任务。调研学习总结报告要有取件标准术语、收件标准术语和常见问题回答技巧等内容。小组成员评价表如下,完成任务得 40 分,如果有遗漏等情况扣减相应分值。

小组成员评价表

小组名称:_____ 组长:_____

小组成员	态度/10 分	互助与合作/10 分	倾听/10 分	展示与效果/10 分

● 教师评价

教师负责评价每组的任务完成情况,量化评价标准。教师对小组进行评价的标准见下表,总分值为 60 分。

小组学习评价表

序号	评价指标	分值/分	打分
①	能在规定时间内组员合作完成实训任务,操作规范; 顺利展示,报告观点新颖,表述逻辑性强	50~60	
②	能在规定时间内完成实训任务,操作规范; 能做展示,有自己的观点,表述清楚	40~49	

续表

序号	评价指标	分值/分	打分
③	能在教师和其他同学的帮助下完成实训任务,有展示结果	30~39	
④	能在教师和其他同学的帮助下基本完成实训任务,没有展示结果	0~29	

• 教师点评

　　教师进行点评时,汇总小组内评价,然后针对各小组进行总结点评。点评时以鼓励为主,要注意挖掘每个小组的闪光点。每个同学的最后得分为所在小组得分+成员评价分。

项目六 | 职业道德

知识项目

1. 了解职业道德的定义。
2. 掌握快递行业从业人员职业道德。

能力项目

会用职业道德提醒并约束自己。

素质项目

1. 培养爱岗敬业、操作规范的职业素养。
2. 培养对快递岗位的情感。

教学重点

快递行业从业人员职业道德。

教学难点

快递行业从业人员职业道德。

/任务一/ 快递行业职业道德相关知识

案例导入

2020 年 5 月 13 日,收派员小刘送快件的时候,在某小区路边停车时,在地上捡到一个黑色钱包。他打开钱包发现里面有身份证、银行卡、机动车驾驶证、机动车行驶证、社保卡等,还有部分现金。想到失主一定非常着急,又联系不上失主,于是他报警,将钱包交到了派出所。派出所民警通过失主身份证上的信息,很快联系到了失主本人。失主接过失而复得的钱包,激动得热泪盈眶,边道谢边拿出酬金表示感谢,但被小刘婉言谢绝了。

本案例中,我们看到收派员小刘具有拾金不昧的高尚情操,那么在快递行业中,从业人员应该坚守怎样的职业道德呢?

任务执行

1.职业道德的定义

道德是通过社会舆论、传统习俗和内心信念来调整人与人、人与社会、人与自然之间关系的行为规范的总和。道德是一个庞大的体系,而职业道德是这个体系的重要组成部分,它是社会分工发展到一定阶段的产物。

职业道德是指从事一定职业劳动的人们,在特定的劳动中以其内心信念和特殊社会手段来维系的,以善恶进行评价的心理意识、行为准则和行为规范的总和。它是人们在从事一定职业劳动的过程中形成的一种内在的、非强制性的约束机制。职业道德一般有以下含义:

- 职业道德是一种职业规范,受到社会的普遍认可。
- 职业道德是长期以来自然形成的。
- 职业道德没有确定的形式,通常体现为观念、习惯、信念等。
- 职业道德依靠文化、信念和习惯,通过员工的自律实现。
- 职业道德大多没有实质的约束力和强制力。
- 职业道德的主要内容是对员工义务的要求。
- 职业道德标准多元化,代表了不同企业可能具有不同的价值观。
- 职业道德承载着企业文化和凝聚力,影响深远。

2.快递行业从业人员职业道德

快递行业是一个由仓储业、运输业、批发业、连锁商业、外贸行业、信息行业等多个行业组成的综合的服务性产业,是一个跨行业、跨部门的新兴产业,是国民经济的重要组成部分,其涉及领域广,吸纳就业人数多,促进生产、拉动消费的作用大,在促进产业结构调整,转变经济发展方式和增强国民经济竞争力等方面发挥着重要作用。

职业道德是职业素养的重要组成部分。为使快递行业从业人员具有良好的职业精神和职业素养,通常要求快递行业从业人员遵守以下职业道德。

序　号	内　容	描　述
①	爱岗敬业、忠于职守	这是各行各业共同的职业道德要求。爱岗就是热爱自己的工作岗位,热爱本职工作,以正确的态度对待职业劳动,努力培养热爱自己从事的工作的幸福感、荣誉感,将身心融入工作中。敬业就是用一种严肃的态度对待自己的工作,勤勤恳恳、兢兢业业,忠于职守、尽职尽责。爱岗敬业、忠于职守,在快递行业尤为重要。每个员工如果都有良好的敬业精神,那无论在何时何地,都能正确表现企业形象,宣传企业品牌,将企业文化延伸到服务对象。员工要力争成为精通技术、熟悉业务的专家,热心周到、不厌其烦地为客户提供优质的服务
②	遵章守法、服从指令	遵章守法在快递行业的道德含义就是所有从业人员在工作中都要遵守国家的法律、法规和政策,执行快递行业的职业纪律和规程制度。服从指令,就是要求每个员工都必须严格服从快递管理系统的指挥调度,不得自以为是、自作主张、各行其道,要真正做到令行禁止
③	勤学苦练、钻研业务	业务技能是快递行业从业人员从事职业活动必须具备的知识和经验,运用这些知识和经验解决实际问题,既是从业人员改善和提高工作质量和工作效率的关键,也是其实现自身价值和服务社会的前提。快递行业人才特别是技能型人才,要认真学习和掌握从事职业活动所需的业务知识和专业技能,才能技术精湛、业务熟练、本领过硬,成为本岗位上的行家里手。每个员工虽然都只是在某个具体岗位上工作,不可能接触快递行业的全过程,但是了解快递行业的各个环节及其主要内容,既有利于大家发挥合作精神,同心协力地服务客户,又可拓宽自己的知识面,达到多技能、宽专业、一专多能的水平,有利于自己在职业活动中实现更大的作为
④	诚实礼貌、服务周到	诚实礼貌是为人处世的一种美德,也是每一个行业的企业树立形象的根本。快递行业的服务对象是客户,服务周到必须始终如一,一切工作开始于客户提出的要求,结束于客户的满足。只有每个从业人员都真诚、礼貌地对待客户,尊重客户,时时刻刻为客户着想,急客户所急,忧客户所忧,在工作中始终"围着客户转",为客户提供无微不至的服务,快递企业才能获得更高的客户满意度

续表

序　号	内　容	描　述
⑤	及时准确、操作规范	快递行业直接与服务的客户打交道,对服务的要求非常高。送达地点错误、送达不及时、包装破损等都会导致客户不满意,因而及时准确和操作规范是快递企业的基本承诺。所谓及时准确,对快递企业而言,就是要将快件及时、准确、完整地送达客户手中。所谓操作规范,就是按照科学管理的办法,规范地从事快递服务。从业人员应遵循企业一系列的管理制度以及诸如操作规程、服务指南、服务程序、规范用语等工作指引,规范自己的工作,避免违章操作,确保安全生产,消除无功、无效劳动,保证服务水平和服务质量
⑥	团结协作、讲求效率	团结协作是快递服务的内在要求。在复杂的快递行业中,各个环节、工序、岗位的人员应该在各自分工的基础上合作,相互配合、协同工作。明争暗斗、相互倾轧、耗费资源、降低效率、牺牲效益等都是与市场经济的要求和职业精神相悖的,必定被行业鄙弃。效益源于效率,快递行业的服务要得到客户和社会的认同,既要服务优质,又要费用低廉。快递企业没有效率就没有效益,因此,从业人员的职业义务、职业责任就是高效率地完成工作,为企业尽可能创造更大的效益

课后练习

(一) 选择题

1.职业道德的主要内容有(　　　　)。

A.爱岗敬业　　　　　　　　　　　　B.诚实守信

C.办事公道　　　　　　　　　　　　D.服务群众

2.以下不属于职业道德的作用的是(　　　　)。

A.有助于促进社会生产力的发展,提高劳动生产率

B.有助于调节人们在职业活动中的各种关系

C.有助于提高工资水平

D.有助于提高个人的道德修养

(二) 简答题

1.试简述快递行业的职业道德。

2.讨论职业道德与企业文化之间的关系。

技能训练

【实训内容】

案例分析

小陈于 5 年前加入某快递企业，至今坚守岗位。他爱岗敬业、细心周到，善待每一个包裹、每一位客户，受到广大客户的赞赏和好评。刚入职的时候，沉默寡言的他不知道怎么和客户沟通，不了解各条路线，但他很有韧劲地一直坚持。他很珍惜这份工作。如今他熟知区域内的每个地址、每条小巷，学会了主动和客户沟通，了解客户需求，尽量让客户满意。工作上，卸货、拆包、装车，他样样拿手，速度快、效率高。快递高峰期他会带动其他员工有条不紊地完成工作，很多时候连午饭都没时间吃，只是为了多抢一些时间让客户第一时间收到包裹。他说，客户的一句"谢谢"，就可以抵掉所有的辛苦，快递人的要求真的不高。

记得有一次，他在街头派件，由于夏天太热，一位老人中暑晕倒在街边。他一边拨打 120 电话，一边把车锁好，防止快件遗失。锁好车之后他马上冲到老人身边，同时联系同事帮忙派件。因为没有第一时间联系上老人家属，所以他也跟着一起去了医院，老人家属来了后他才离开。家属很感激他，因为现在许多人怕担责任，他这样的举动让大家看见了人心底善良美好的一面。

快递工作看似简单，其实不然。工作人员要熟知违禁品范围、掌握打包技巧，要面对不同的客户，让客户满意。小陈说他会一直坚持下去，每个平凡的岗位对社会都有意义，他愿意做那个平凡而又不平凡的快递人，为更多的人送去欢乐。

请分析小陈的案例，总结在小陈身上体现了快递行业从业人员怎样的职业道德。

【实训目的】

通过本次实训巩固所学理论知识，能够理解快递行业的职业道德，增强工作责任心。

【实训准备】

①学校快递实训基地。
②电脑及网络。
③联系校园菜鸟驿站。

【实训要求】

①能够正确、规范地完成各项任务。
②注意团队协作。

【实训步骤】

①将全班同学分组,每 4~6 人为一组,活动以组为单位进行。

②每个小组通过案例分析快递行业的职业道德。

③各小组写一份分析总结报告,并制作 PPT。

④各小组选派一名代表对本小组汇总的分析总结报告进行汇报阐述。

【实训评价】

各小组组长将本组的结果在班上展示,供同学和教师查验,要求分析案例时体现职业道德的相关内容。

● 小组活动评价

组长负责协调组员积极讨论,并形成分析总结汇报 PPT。小组成员评价表如下,完成任务得 40 分,如果有遗漏等情况扣减相应分值。

小组成员评价表

小组名称:_____   组长:_____

小组成员	态度/10分	互助与合作/10分	倾听/10分	展示与效果/10分

● 教师评价

教师负责评价每组的任务完成情况,量化评价标准。教师对小组进行评价的标准见下表,总分值为 60 分。

小组学习评价表

序号	评价指标	分值/分	打分
①	能在规定时间内组员合作完成实训任务,操作规范; 顺利展示,报告观点新颖,表述逻辑性强	50~60	
②	能在规定时间内完成实训任务,操作规范; 能做展示,有自己的观点,表述清楚	40~49	
③	能在教师和其他同学的帮助下完成实训任务,有展示结果	30~39	
④	能在教师和其他同学的帮助下基本完成实训任务,没有展示结果	0~29	

●教师点评

教师进行点评时,汇总小组内评价,然后针对各小组进行总结点评。点评时以鼓励为主,要注意挖掘每个小组的闪光点。每个同学的最后得分为所在小组得分+成员评价分。

任务二 快递行业职业道德典型案例

案例导入

新冠肺炎疫情期间,汪勇以一个快递员的身份,为武汉医护人员筑起了一条后勤保障线,他的事迹感动了无数人,很多人将其称为生命的"摆渡人"。

2020年2月26日,国家邮政局印发通知,决定授予顺丰速运武汉分公司快递员汪勇同志"最美快递员"特别奖,并号召全行业向他学习。

通过汪勇的事迹,我们清醒地认识到他是在用一种精神、用一种力量传播着大爱、传播着担当、传播着责任。我们除了感动,更多的是感叹汪勇不愧为抗疫战斗中的模范战士,他是在用真心、用坚持,播撒一颗颗爱的种子。

任务执行

1.正面案例

案例一 济南"快递哥"智勇双全

"如果没有多看一眼,或者晚几分钟送件,就有可能出大事。"回想起事发当日的情形,快递员罗光进仍感到"一阵阵后怕"。

罗光进回忆,2014年1月9日上午,他来到位于济南市经四路的于大爷家送快递,迟迟敲不开门,但隐约能听到里面有动静。罗光进感到有点儿不对劲,当透过窗户看到于大爷家里冒着很浓的黑烟时,他的第一反应是:"不好,出事了!"随后,罗光进马上招呼附近住户一起帮忙,破门而入。此时,于大爷一家三口正躺在地上,而屋里充斥着刺鼻的煤气味。

"煤气中毒!"罗光进见状没有慌张,一边和大家一起将于大爷家的门窗打开通风,一边走到屋外用手机拨打了120。几分钟后,120急救车将于大爷一家送往医院,而这时,大家发现这位不知道姓名的快递员已经默默地骑着自己的送件三轮车消失在胡同口。

济南市中医院急诊科大夫告诉记者:"三位患者送来的时候,意识都不清醒了,于大爷的情况最严重,整个肢体都有点抽搐,叫也叫不醒。如果不是发现及时并立刻送医院,这一家三口都会有生命危险。多亏了这位快递员!"

一家三口出院后,四处寻找这位快递员未果,有邻居提醒他们看快递单上的揽投员姓名,他们才知道这位救命恩人叫罗光进。随后,于大爷把这个情况反映给了当地电视台等新闻媒体。当记者问起罗光进救人的事情时,罗光进说:"换作任何一个人都会这么做的,只不过是我赶上了。"

同年1月14日,山东省邮政管理局对罗光进进行了通报表彰,号召全省邮政行业广大干部职工向罗光进学习,学习他在危急关头敢于担当、做好事不留名的高尚情操,学习他热心助人、甘于奉献的道德品格。

媒体在报道罗光进的义举时也表示,他的行为展示了新时期快递员工的时代风采,彰显了邮政行业"诚信、服务、规范、共享"的核心价值理念,无愧于最美"快递哥"的称号。

案例二　不怕苦不怕累,最怕客户不满意

早上7点半,赵友兵吃完早饭就立即参与到快件分拣中,把自己派送范围的快件整理出来装车,开始一天的工作。他的任务就是将自己分到的所有快件及时送到客户手中。

赵友兵从2006年开始干快递工作。那时候他不熟悉路线,一路碰壁。老同事回忆说:"那时,他是公司送件最慢的收派员,旁人一上午就能送完的快件量,他加班加点到天黑也送不完,时常遭到客户投诉和老板批评,还被扣过工资。"后来赵友兵买来一张城区地图,死记硬背地熟悉了路线,渐渐赶上了同事们的速度。现在的他被称为"人型导航",送件是"神速"级别。在客户眼中,他是一个敬业、负责的好收派员,大家都说他为人热情、有耐心、送件快、服务周到,客户有什么要求他都会想方设法满足,天再冷、雨再大也按时把快件送到客户手中。

在快递企业多年,赵友兵为客户解决过好多急事,一次次感动了身边的同事,虽然许多事情他自己可能已经忘了,但是和他一起工作的伙伴们铭记于心。2008年,一场突如其来的大雪降临,给这座城市带来了罕见的美丽雪景,也给快件派送带来了严峻的考验。厚厚的积雪,让交通几乎陷入瘫痪,所有快递企业停止营运,赵友兵所在企业同样发出了通知,让收派员在确保自身安全的前提下按派件路程的远近有选择地派件,并向客户做好解释工作。

接到通知后,赵友兵详细整理了一下需要派送的快件。路程较近的,他采取了步行派送;路程较远的,他就先给客户打电话解释,一定要得到客户的谅解他才挂电话。联系到最后一位客户时,他发现运单上写的是特效药。电话中他得知客户非常着急,但是客户住址距离分点部有七八千米远,在那样的天气下那么远的距离对赵友兵来说无疑是一个巨大的考验。强烈的责任感让他最终决定无论如何也要将快件送到客户

手中，"那是救命药啊！"他步行了足足两个多小时，终于准确无误地在约定的时间内把这份快件送到了客户的手里。看到客户满意的笑容，他终于如释重负地长吁了一口气。

从对快递懵懵懂懂到现在精通业务，这么多年，赵友兵不变的是对客户的责任心、对快递工作的热心以及对企业的忠诚。

赵友兵说："过程中的苦和累都不算什么，最怕的是客户不满意。只要是客户需要的，我一定会尽最大努力去完成，这就是每个收派员的职责！"

案例三　收派员："疫情期间这种被需要的感觉，我一辈子都会记得。"

"双十二"过后，李奎斌合计着春节可以休几天假，陪陪家里人。每年的春节是他最开心的时候。老济南人在这座老城里，从小到大都历经着"泉城"的文化洗礼。"四面荷花三面柳，一城山色半城湖"，在济南长大的李奎斌对传统节日和老济南文化特别喜欢。平时在送货途中，他喜欢听单田芳老师讲的《隋唐演义》。离春节还有10多天，他就张罗着家里人办年货、扫尘、贴年红。

新冠肺炎疫情在全国的蔓延，打破了他的春节计划。工北快递站一共有6个人，其中1名站长，5名快递员。李奎斌的春节休假申请早已通过，本可以在家过年的他，大年初一早一上6:20，还是出现在了工北快递站门口。他穿着蓝黄相间的工作服，戴上企业配发的口罩，准备卸货。

"家里人也反对我回去工作，担心我，说好好的假期你不在家待着，非要出来担这风险。"但李奎斌马上补充道，"干一行爱一行，这种时候还能为客户配送快件，我有一种被需要的感觉。"

疫情期间，李奎斌平均每天配送50个快件，会路过济广高速，最北能到黄河边上，城市、乡村的客户在这样的非常时期依旧能收到快件。李奎斌说送过最远的地方，骑着他的三轮车回来得一个半小时。他说他在济南生活了30多年，疫情期间没能做什么贡献，不为社会添堵就感到心安了。

2.反面案例

案例一　收派员被客户投诉，拿扫把追打客户还要求客户删差评

被客户投诉怎么办？一家快递企业的收派员竟拿着扫把追打投诉人。2016年12月4日，这事就发生在福建省泉州市南安市美林街道玉叶村附近。

几天前，美林的小黄上网购置了一些鞋子、衣服，平时12月2日应该就能到货，但这次直到3日晚上才到货，且快件包装上还有破损，于是他在网上给了物流差评。

小黄收货写的都是公司的地址。没想到第二天，送货的收派员和快递企业的老板来到小黄所在公司，要求其删除物流差评。

小黄认为快递企业的服务不到位，无论对方怎么说，就是不肯删除差评。很快，小

黄的固执让对方失去了耐性,收派员随手拿起身边的扫把挥向小黄,小黄边跑边用手遮挡,追打中小黄的脸部被划伤。随后,小黄向美林派出所报警。

民警赶到现场后,对快递企业的两人进行了批评教育。经调解,快递企业的老板和收派员赔偿小黄医疗费,双方就此和解。

案例二 收派员出售客户信息被判刑

网络的便捷让公民的个人信息变成了一种"资源",一些不法分子通过倒买倒卖公民个人信息来非法获利,严重危害公民的信息安全。常熟法院审结一起侵犯公民个人信息的案件,坚决严惩此类犯罪行为。

2019年12月,江苏某快递企业工作人员报案称有大量客户信息被异常查询,其中涉及苏州地区的客户信息有100余条。经市公安局立案侦查,发现广州某快递企业员工冯某有重大作案嫌疑。

经查,2019年11月某日凌晨,冯某下班后在常去的便利店巧遇陈某,陈某正向便利店老板咨询手机查单的问题,因便利店老板不懂,冯某便热心进行了解答,并与陈某加为微信好友。在得知冯某是快递企业的仓管员后,陈某向冯某说明其工作是讨债,想以金钱作为回报,让冯某通过其提供的电话号码来查询客户的住址信息等。冯某觉得比上班挣得多,便同意了。

2019年11月至12月,冯某在担任快递企业仓管员期间将获得的公民快递交易信息出售给陈某,违法所得约为人民币3 259元。而陈某又将获得的公民快递交易信息转卖给他人获取非法利益,违法所得为人民币1万余元。

法院审理后认为,被告人陈某违反国家有关规定,非法获取公民个人信息并向他人出售,情节严重;被告人冯某违反国家有关规定,将在履行职责过程中获得的公民个人信息出售给他人,情节严重。二人的行为均已构成侵犯公民个人信息罪。最终,法院判决被告人陈某、冯某犯侵犯公民个人信息罪,分别判处有期徒刑九个月和六个月,并处罚金人民币二万元和六千元;违法所得款予以没收,上缴国库。

课后练习

(一)选择题

有一次,××快递企业的一名收派员在送货车发生故障的情况下,为了按时把洗衣机送到客户家中,在38 ℃的高温下,自己背着75 kg重的洗衣机走了将近3个小时,对此,你的感受是( )。

A.该快递企业的做法很新颖,但我们学不来

B.该快递企业的做法不符合现代市场经济规则

C.该快递企业此举只是为了制造广告效应

D.该快递企业的经营理念对企业的长远发展有利

(二)分析题

1.分析济南"快递哥"智勇双全这一事例带来的正面影响。

2.分析仓管员出售客户信息被判刑这一事例带来的负面影响。

技能训练

【实训内容】

①搜集身边快递行业从业人员的正面典型案例。

②搜集身边快递行业从业人员的反面典型案例。

【实训目的】

通过本次实训,进一步加深对职业道德的认识,增强工作责任心。

【实训准备】

①学校快递实训基地。

②电脑及网络。

③联系校园菜鸟驿站。

【实训要求】

①能够独立、规范地完成各项任务。

②注意使用礼貌用语。

【实训步骤】

①将全班同学分组,每4~6人为一组,活动以组为单位进行。

②每个小组通过网络对快递行业从业人员的典型先进事迹和反面案例进行全面搜集。

③在当地调研5~10个快递行业从业人员的工作实际。

④每人写一份不少于1 000字的调研学习总结报告。

⑤各小组组长汇总本小组的调研学习总结报告并上交。

【实训评价】

各小组组长将本组的结果在班上展示,供同学和教师查验,要求有5个快递行业从业人员的工作案例、1~2个具有代表性的先进事迹、1~2个反面案例、感想等内容。

• 小组活动评价

组长负责分配不同的任务给组员,组员完成各子任务。调研学习总结报告要有5

个快递行业从业人员的工作案例、1~2 个具有代表性的先进事迹、1~2 个反面案例、感想。小组成员评价表如下,完成任务得 40 分,如果有遗漏等情况扣减相应分值。

小组成员评价表

小组名称:＿＿＿＿＿＿＿＿＿＿＿＿＿　　　　　　　　组长:＿＿＿＿＿＿＿

小组成员	态度/10 分	互助与合作/10 分	倾听/10 分	展示与效果/10 分

● 教师评价

教师负责评价每组的任务完成情况,量化评价标准。教师对小组进行评价的标准见下表,总分值为 60 分。

小组学习评价表

序号	评价指标	分值/分	打分
①	能在规定时间内组员合作完成实训任务,操作规范; 顺利展示,报告观点新颖,表述逻辑性强	50~60	
②	能在规定时间内完成实训任务,操作规范; 能做展示,有自己的观点,表述清楚	40~49	
③	能在教师和其他同学的帮助下完成实训任务,有展示结果	30~39	
④	能在教师和其他同学的帮助下基本完成实训任务,没有展示结果	0~29	

● 教师点评

教师进行点评时,汇总小组内评价,然后针对各小组进行总结点评。点评时以鼓励为主,要注意挖掘每个小组的闪光点。每个同学的最后得分为所在小组得分+成员评价分。

项目七│收派件常识和技术运用

知识项目

    1.了解收派件路线规划的原则。

    2.了解收派件路线规划的方法。

    3.掌握收派件路线规划的工具。

    4.了解识别技术在快递行业中的作用。

    5.了解快递管理系统的应用。

    6.掌握快递收派设备、运输设备和处理设备的操作方法。

能力项目

    1.会根据实际情况熟练规划收派件路线。

    2.会熟练使用收派设备。

素质项目

    1.培养爱岗敬业、规范操作的职业素养。

    2.培养对快递岗位的情感。

教学重点

    1.收派件路线规划的方法。

    2.收派件路线规划的工具。

    3.快递收派设备、运输设备和处理设备的操作方法。

教学难点

    1.收派件路线规划的方法。

    2.收派件路线规划的工具。

任务一 收派件路线规划

案例导入

小程是某电商企业县配送站站长。2020年"双十一",他迎来成为站长后最大的一次挑战。在这个县城,"双十一"包裹量的暴增是在11月12日。当天一早,小程和站点的其他几名工作人员卸下了2辆4.2 m高的货车,车上有1 800多件货物。

站在成堆的包裹中央,小程一直低着头,眉头紧锁,大脑飞速运转。他在思考每一个包裹的配送路线。整个县城的地图在他脑海中展开,一车包裹的运行轨迹、每个包裹送到什么方位,他都要了然于心,谁去配送、骑车还是开车,这些看起来简单,但是叠加在一起,上千个包裹的派送就是个难事了。去年"双十一",小程在当地找了一位外卖骑手来帮忙。他们的确跑得快,但是对几件包裹的派送没有做全局规划,结果货送了一半,电瓶车没电了,这怎么行?

送快件是个技术活,从快件装车开始就很有讲究,应先把最重的快件送掉,不然电瓶车耗电会很快;对派送距离较近的地址,相应的快件要放在收派员顺手就能拿到的位置,不然在车上"翻山倒海"特别浪费时间;检查收货人有没有电话催促,有的话赶紧把快件送过去;规划好路线,不走回头路。要非常高效地完成一车快件的配送,靠的是收派员对县城的熟悉以及缜密思考后制订的配送路线规划。

为此,收派件路线规划成为快件能否高效送达的关键,对节约运输成本、节省运输时间具有重要意义。

本节任务中,我们将学习收派件路线规划的相关知识,并针对解决类似小程遇到的"双十一"爆仓事件展开学习和讨论。

任务执行

1.收派件路线规划原则

收派件路线是指将收派员在收派快件时经过的地点和路段按照先后顺序连接起来所形成的路线,如图7-1所示为一条规划的收派件路线。

合理规划收派件路线,首先,有利于满足快件的时效性要求,实现派送承诺;其次,能节省收派员的派送时间,可以减少收派员的劳动强度,提高收派员的劳动效率;最后,可以减少空白里程,减少车辆损耗,节省派送运输成本。

在收派件路线规划过程中要遵循如下表的基本原则。

图 7-1 一条收派件路线

收派件路线规划基本原则

规划原则	要点说明
保证快件安全	快递服务的宗旨是将快件完好无损、及时安全地送达收件人。保证快件安全的原则要求选择的路线路况要好(如路面质量好、车道宽敞、车流量较小、坡度和弯度小)
保证快件派送的时效	时效是客户最重视的因素,也是衡量快递服务质量的一项重要指标。影响派送时效的主要因素包括:当班次派送快件量过大,因客户不在而进行二次派送,天气、交通管制等不可抗因素,派送车辆故障,等等
优先派送优先快件	优先派送的快件主要包括时效要求高的快件、客户明确要求在规定时间内派送的快件、二次派送的快件。为了避免不可抗因素影响快件的派送时效,有需要优先派送的快件,应优先派送
优先派送保价快件	为了降低风险,在不影响其他快件派送时限的情况下,优先派送保价快件
先重后轻,先大后小	较重的或体积大的快件在装卸搬运时劳动强度大,应优先派送,既可以减少全程派件的作业难度,又可以减少车辆的磨损和能耗
减少空白里程	为了减少空白里程,需要做好以下几个方面的工作:收派员应熟悉、掌握派送范围内每条路段、街道的门牌号;对快件排序时,注意将同一个客户的多票快件排在一起,统一派送;对同一派送路段,应掌握多条派送路线,选择最短路线进行派送;及时掌握派送路段内的交通和路况信息,避免因交通管制或道路维修而绕道,增加空白里程

收派件路线规划是一个多目标优化的问题,优化目标设置至关重要。设计目标主要包括安全性、时效性、经济性三个,安全性是快递服务的基础,对快递企业的信誉乃至生存有直接影响,是最重要的一项设计目标;时效性是快递服务的生命线,是影响客户忠诚度的因素,也是衡量快递服务质量的一项重要指标;同时,快递企业为了赢利还需确保路线的经济性,经济性是提升快递企业竞争力的关键。为此,需要在路线规划中平衡好时效性和经济性。设计目标的具体介绍如下表。

收派件线路规划设计目标

设计目标	衡量指标	指标说明
安全性	快件破损率	派送过程中破损快件数占总快件数的比例,该指标越低越好
	快件遗失率	派送过程中遗失快件数占总快件数的比例,该指标越低越好
	快件赔付率	派送过程中因快件破损、遗失造成的赔付金额占派送酬金的比例,该指标越低越好
时效性	平均派送时长	平均派送时长最能反映快件派送的总体效率,是衡量时效性的最重要的指标。平均派送时长越小,派送的总体效率越高
	优先快件平均派送时长	优先快件往往最容易影响客户满意度,为此定义优先快件平均派送时长为优先快件客户满意度的影响因素。优先快件平均派送时长越小,客户满意度越高
经济性	路线长度	路线总体长度能直观体现路线的经济性。同等派送条件下,路线长度越短,派送成本越低
	空白里程占比	派送过程中,返程或中转的空白里程会影响路线的经济性,空白里程占比越高,派送的经济性越差
	单件平均能耗	单价平均能耗能直接反映路线的经济性,该指标越低,派送的经济性越好。"先重后轻""避免坡度、弯道"原则都是降低单件平均能耗的重要途径

2.收派件路线规划方法

收派件路线规划是一项入门门槛低但优化上限极高的工作。简单的收派件路线规划可由收派员凭经验常识、手机导航软件来实现,而如果要设计出高效的收派件规划路线,就涉及极其复杂、带约束性的多目标优化问题,在派送途中可能还要进行动态调整。

（1）直观规划法

收派件路线规划较专业，但在目前的大多数情况下，网点的收派件片区的收派件路线较短且多数位于市区，因此在实际应用中比较常用的方法是直观规划法。直观规划法是通过经验及直接观察确定路线。例如，对于空间层次分明的网点，可采用直观推理的方法来解决，尽量采取水滴形路线运行模式，避免路线交叉。如图7-3所示的收派件路线要优于如图7-2所示的收派件路线。

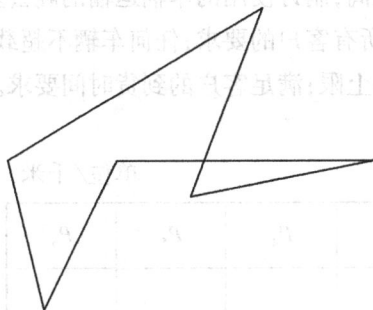

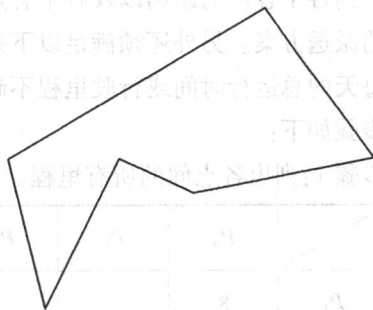

图7-2　收派件路线1　　　　　　　　　图7-3　收派件路线2

此外，在进行简单收派件路线规划的过程中，可选择使用导航软件辅助规划，目前主流的导航软件均支持点对点的骑行、步行等多种导航模式，可辅助确定点对点的最优路线，在一定程度上提升收派件效率。

直观规划法具有简单易行、应变性强的优点，但也存在依赖人工经验、推广性差、缺乏统筹优化等缺点，是一种最基础的收派件路线优化方法。

（2）手动规划法

手动规划法是一种半自动规划方式，以图表的形式，借助简单的数学规划法进行量化评估，从而得到最优路径。（此处将收派件路线规划问题简化为最短路径优化问题来处理）以下分别介绍表格法和图解法求解手动规划最优派送路线的问题。

①表格法。

表格法采用节约里程思想，该思想将运输问题中的两个回路合并为一个回路，每次使合并后的总运输距离减小的幅度最大，达到车辆的装载限制时再进行下一辆车的路线优化，如图7-4所示。

（a）直接派送　　　　　　　　　（b）节约里程派送

图7-4　路线比较

设有两个派送点（以点 *A*、点 *B* 表示），点 *P* 表示配送中心，配送中心直接派送和

节约里程派送的运行距离分别为:

$$S_1 = 2a + 2b \tag{7-1}$$
$$S_2 = a + b + c \tag{7-2}$$

则节约里程为:

$$\Delta S = S_1 - S_2 = a + b - c \tag{7-3}$$

利用节约里程法确定派送路线的主要出发点在于,根据配送中心的运输能力和配送中心到各个客户的距离以及各个客户之间的距离,制订使用的车辆运输的吨公里数最小的派送方案。另外还须满足以下条件:满足所有客户的要求;任何车辆不超载;每辆车每天的总运行时间或行驶里程不超过规定的上限;满足客户的到货时间要求。其实现步骤如下:

步骤1:列出各点间的所有里程。 单位/千米

	P_0	P_1	P_2	P_3	P_4	P_5	P_6
P_1	8						
P_2	12	9					
P_3	15	16	7				
P_4	10	18	15	8			
P_5	18	26	25	18	10		
P_6	16	24	28	31	26	18	

步骤2:根据公式(7-3)计算出各点间相应的节约里程。 单位/千米

	P_1	P_2	P_3	P_4	P_5	P_6
P_2	11					
P_3	7	20				
P_4	0	7	17			
P_5	0	5	15	18		
P_6	0	0	0	0	16	

步骤3:将节约里程按从大到小的顺序排列。

序　号	组　合	节约里程/千米
1	P_2P_3	20
2	P_4P_5	18
3	P_3P_4	17
4	P_5P_6	16
5	P_3P_5	15
6	P_1P_2	11
7	P_1P_3	7
8	P_2P_4	7
9	P_2P_5	5
10	P_1P_4	0
11	P_1P_5	0
12	P_1P_6	0
13	P_2P_6	0
14	P_3P_6	0
15	P_4P_6	0

步骤4:根据实际运送量合理选择不同载重的车辆。

根据节约里程的大小,按顺序连接各个派送节点,形成 2 个收派件路线,如图 7-5 所示。

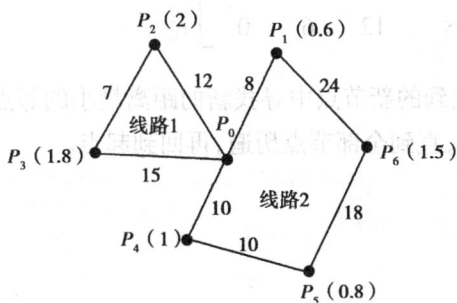

图 7-5　路线比较

收派件路线 1：$P_0—P_2—P_3—P_0$

运送距离：$12+7+15=34$ 千米

运送量：$2+1.8=3.8$ 吨，需要一辆载重 4 吨的货车。

收派件路线 2：$P_0—P_4—P_5—P_6—P_1—P_0$

运送距离：$10+10+18+24+8=70$ 千米

运送量：$1+0.8+1.5+0.6=3.9$ 吨，需要一辆载重 4 吨的货车。

②图解法。

图解法利用节点图谱，采用最近邻点法、最近插值法等进行最短路径规划。

设有①—⑥共 6 个节点，其中节点①为配送中心，节点②—⑥为收派件节点，节点间的派送距离矩阵如下：

$$C=\begin{bmatrix} 0 & 10 & 6 & 8 & 7 & 15 \\ 10 & 0 & 5 & 20 & 15 & 16 \\ 6 & 5 & 0 & 14 & 7 & 8 \\ 8 & 20 & 14 & 0 & 4 & 12 \\ 7 & 15 & 7 & 4 & 0 & 6 \\ 15 & 16 & 8 & 12 & 6 & 0 \end{bmatrix} \quad (7\text{-}4)$$

以下分别按照最近邻点法和最近插值法进行求解。

Ⅰ.最近邻点法。

步骤 1：从起点出发，找到最近的邻点。

$$C=\begin{matrix} & ① & ② & ③ & ④ & ⑤ & ⑥ \\ & \begin{bmatrix} 0 & 10 & 6 & 8 & 7 & 15 \\ 10 & 0 & 5 & 20 & 15 & 16 \\ 6 & 5 & 0 & 14 & 7 & 8 \\ 8 & 20 & 14 & 0 & 4 & 12 \\ 7 & 15 & 7 & 4 & 0 & 6 \\ 15 & 16 & 8 & 12 & 6 & 0 \end{bmatrix} & \begin{matrix} ① \\ ② \\ ③ \\ ④ \\ ⑤ \\ ⑥ \end{matrix} \end{matrix}$$

步骤 2：从步骤 1 找到的新节点中寻找新的距离最小的邻点。

步骤 3：重复步骤 2，直到全部节点历遍，再回到起点。

$$C=\begin{bmatrix} 0 & 10 & 6 & 8 & 7 & 15 \\ 10 & 0 & 5 & 20 & 15 & 16 \\ 6 & 5 & 0 & 14 & 7 & 8 \\ 8 & 20 & 14 & 0 & 4 & 12 \\ 7 & 15 & 7 & 4 & 0 & 6 \\ 15 & 16 & 8 & 12 & 6 & 0 \end{bmatrix}\begin{matrix} ① \\ ② \\ ③ \\ ④ \\ ⑤ \\ ⑥ \end{matrix}$$

$$C=\begin{bmatrix} 0 & 10 & 6 & 8 & 7 & 15 \\ 10 & 0 & 5 & 20 & 15 & 16 \\ 6 & 5 & 0 & 14 & 7 & 8 \\ 8 & 20 & 14 & 0 & 4 & 12 \\ 7 & 15 & 7 & 4 & 0 & 6 \\ 15 & 16 & 8 & 12 & 6 & 0 \end{bmatrix}\begin{matrix} ① \\ ② \\ ③ \\ ④ \\ ⑤ \\ ⑥ \end{matrix}$$

$$C=\begin{bmatrix} 0 & 10 & 6 & 8 & 7 & 15 \\ 10 & 0 & 5 & 20 & 15 & 16 \\ 6 & 5 & 0 & 14 & 7 & 8 \\ 8 & 20 & 14 & 0 & 4 & 12 \\ 7 & 15 & 7 & 4 & 0 & 6 \\ 15 & 16 & 8 & 12 & 6 & 0 \end{bmatrix}\begin{matrix} ① \\ ② \\ ③ \\ ④ \\ ⑤ \\ ⑥ \end{matrix}$$

$$C=\begin{bmatrix} 0 & 10 & 6 & 8 & 7 & 15 \\ 10 & 0 & 5 & 20 & 15 & 16 \\ 6 & 5 & 0 & 14 & 7 & 8 \\ 8 & 20 & 14 & 0 & 4 & 12 \\ 7 & 15 & 7 & 4 & 0 & 6 \\ 15 & 16 & 8 & 12 & 6 & 0 \end{bmatrix}\begin{matrix} ① \\ ② \\ ③ \\ ④ \\ ⑤ \\ ⑥ \end{matrix}$$

最终得到派送路线如下：

①→③→②→⑤→④→⑥→①

运送距离：6+5+15+4+12+15＝57 千米

Ⅱ.最近插值法。

步骤1：找到距离起点最近的节点，形成一个子回路。

步骤2：在剩下的节点中，寻找一个距离回路中某一个节点最近的节点 V_k。

步骤3：在子回路中找到一条边(i,j)，使得 $C_{ik}+C_{kj}-C_{ij}$最小，然后将节点 V_k 插入节点 V_i、V_j 之间，用两边(i,k)、(k,j)代替原来的边(i,j)。

步骤4：重复步骤2和步骤3，指导所有节点都加入子回路。

使用最近插值法优化路线的过程如图7-6所示。

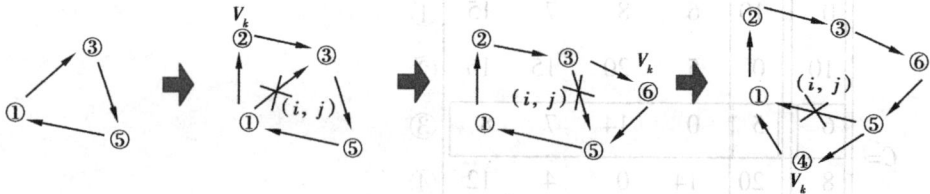

图 7-6 优化路线的过程

得到派送路线为：

①→②→③→⑥→⑤→④→①

运送距离：10+5+8+6+4+8＝41 千米

比较优化后的运送距离，可以看出最近插值法的优化效果要比最近邻点法的好。

手动规划法具有实施简单、可实现最短距离优化等优点，但也存在灵活性差、无法实施多目标优化的缺点。首先，优化方案一旦制订，中途便难以作动态调整，对派送过程中的事件缺乏优化手段；其次，优化方案只考虑了最短距离这一目标，未考虑派件的优先级、货物重量等；最后，这类算法的手工技术比较复杂，特别是当派送节点较多时，对于一线快递工作人员来说实施具有一定难度。因此，手动规划法虽然具有一定规划效果，但是在推广应用上存在诸多困难。

（3）自动规划法

采用智能算法自动规划收派件路线可减轻规划人员的压力，同时可开展路线规划的多目标优化，具有较好的实施效果，是收派件路线规划的未来发展趋势。近年来，遗传算法、蚁群算法、粒子群算法等启发式搜索算法已在优化调度领域广泛应用，不仅可以实现自主搜索，而且取得了较好的优化效果。

①蚁群算法在收派件路线规划中的应用。

新疆大学徐坤等人开展了蚁群算法在快递收派件路线规划中的应用研究。针对快件派送的常见问题、车辆路线规划的数学模型以及蚁群算法在求解问题时的优缺点，提出了一种改进的蚁群算法。这种方法基于蚁群算法和免疫算法优势互补的思想,构造出将两种算法进行动态融合的方案,并引入车辆路程、载重量等相关约束条件,以成本和满载率作为优化目标,对两种算法的运行机制都做出了部分优化与改进,并且引入莱维飞行极大限度扩展算法的寻优性能。通过算例的仿真,证明了改进后的蚁群算法具有一定的实效性。

以某快递企业的快件派送路线的选择优化问题为实例,将具体问题转化为车辆路线规划模型,并将改进蚁群算法应用在此问题上进行优化求解,得到派送路线方案如下:

路线序号	派送路线	车辆满载率
I	0—19—20—4—5—6—0	90.0%
II	0—17—7—8—16—0	90.7%
III	0—15—9—10—11—0	87.3%
IV	0—12—13—14—0	79.3%
V	0—18—1—2—3—0	90.0%

与该快递企业进行规划前的派送路线方案进行比较:

路线序号	派送路线	车辆满载率
I	0—4—5—6—0	50.7%
II	0—19—20—3—0	63.3%
III	0—18—1—2—0	66.0%
IV	0—13—14—0	50.0%
V	0—11—12—0	52.7%
VI	0—17—7—8—0	68.7%
VII	0—16—9—0	47.3%
VIII	0—15—10—0	38.7%

通过将规划后的路线与规划前的路线比较,我们可以得出规划的派送路线方案的平均车辆满载率为87.46%,较规划之前提高了32.80%;另外,车辆满载率达到90%的路径也有3条,如将这些路径作为备用,有利于收派员在途中收件或应对特殊情况等。规划前的派送路程为303.4千米,规划后的派送路程为222.1千米,规划后的方案直接减少了81.3千米的路程,子路径由原先的8条改进成5条,同时也节约出3辆车的开

支,更减少了3位收派员。设车辆派送的费用为1元/千米,车辆的发车成本为20元/辆,收派员的平均日工资为150元,那么采用规划后的路线完成一次完整的派送,可以节省的费用为:

$$(303.4 - 222.1) \times 1 + (8 - 5) \times 20 + 3 \times 150 = 591.3(元)$$

由上可知,通过对该快递企业派送路线进行规划,在一次完整的派送中可以为该快递企业共节省591.3元的支出,按一年的派送次数计算的话,节省下来的成本是相当巨大的,这对企业发展具有重要的意义。由此可以得出,改进蚁群算法应用于求解该快递企业的现实派送路线方案,能够获得较好的效果。

②遗传算法在收派件路线规划中的应用。

遗传算法(Genetic Algorithm,GA)是由美国J.Holland教授于20世纪六七十年代形成的一套较为完整的理论和方法,该算法利用自然选择规律和基因遗传机制来实现仿生运算,它对适用条件几乎没有任何限制,以概率论为基础进行自适应概率搜索,具有强大的搜索能力,它在解空间中进行随机化搜索,得到满意的最优解。遗传算法作为一种元启发式算法,一直以来受到学者们的广泛关注和研究,并且已经在函数优化、组合优化、生产调度、自动控制、机器人智能控制、图像处理与模式识别等领域广泛应用。遗传算法的基本流程如下:

A.根据实际问题,构造染色体。由于遗传算法不能直接处理实际问题的解,因此首要工作就是将问题的解进行编码,构造与之对应的染色体。

B.集合若干染色体,生成初始群体。遗传算法的搜索是从初始群体中多个个体同时进行的,采用随机生成初始种群的方式能够使种群个体均匀分布在决策空间。

C.根据个体适应度大小,进行评价。适应度是反映种群个体优劣的唯一指标,遗传算法直接根据种群个体适应度的大小进行自然选择和遗传操作。

D.选择优秀个体,进行遗传操作。根据种群个体适应度的大小选择优秀个体进入交叉池,接下来进行交叉操作和变异操作,从而使原种群在经过一次进化演变之后产生新的种群和优秀个体。

E.判断经过一次迭代后种群是否满足终止条件,如果不满足,则执行步骤C和D,种群满足终止条件时遗传算法才会停止。

杨志清等人研究了快递派送条件下的多目标车辆路径优化问题。首先,根据城市快递的相关特点,构建多目标VRPTW模型,重点考虑车型因素和不确定时间因素。其中,不确定时间因素假定车辆行驶时间和客户服务时间呈正态分布规律。同时,针对该模型,采取改进遗传算法对其进行求解。其中在适应度函数设计上,采用无量纲统一的权重配比,将多目标函数问题转化为单目标函数问题。其次,在遗传算法设计上,在选择遗传操作、交叉遗传操作和变异遗传操作环节保存最优个体,从而提高了种群整体的进化程度。最后,结合文献实例,对该算法进行了验证。此外,还通过算例进一步分析了相关因素对实验结果的影响。设计实例如下:

某公司拥有1个配送中心,服务于80个客户点,各个客户点的坐标、需求量已知。

该公司拥有 A、B 两种配送车型,车辆数目分别为 11 辆和 2 辆,派送最大允许质量分别为 500 千克和 400 千克。所有客户要求的时间窗口均为 11:00—12:00,软时间窗口为 10:30—11:00 和 12:00—12:30。该公司从上午 10:00 出发,依次展开派送行程计划。

得到遗传算法的派送方案及效果如下。

路　线	车　型	派送客户点顺序	派送量/千克	运输成本/元	时间成本/分
1	A	0—78—72—46—28—42—64—34—0	479	188.7	79.5
2	A	0—29—53—35—44—55—16—0	388	216.7	101.3
3	A	0—57—25—18—10—51—38—0	423	238.6	326.6
4	B	0—73—63—3—31—58—0	385	171.1	19.7
5	A	0—41—1—19—54—27—11—0	483	238.3	183.0
6	A	0—76—4—65—2—33—0	445	163.4	35.6
7	A	0—70—26—37—32—77—79—56—0	493	237.3	81.6
8	A	0—9—61—69—43—15—49—0	402	231.5	118.5
9	A	0—47—80—39—67—60—21—74—0	456	267.3	226.1
10	A	0—36—59—50—40—62—68—0	466	199.2	36.3
11	A	0—52—24—17—45—7—13—0	428	246.2	154.7
12	B	0—75—6—5—23—66—0	314	153.9	55.0
13	A	0—48—8—14—20—71—30—22—12—0	482	213.1	190.0
合　计			5 644	2 765.3	1 607.8

手动规范法的派送方案及效果如下:

路　线	车　型	派送客户点顺序	派送量/千克	运输成本/元	时间成本/分
1	A	0—78—72—46—28—42—64—34—0	479	188.7	79.5
2	A	0—29—53—35—44—55—16—12—0	468	217.9	208.3

续表

路 线	车 型	派送客户点顺序	派送量/千克	运输成本/元	时间成本/分
3	A	0—57—17—25—18—10—51—38—0	474	238.8	332.3
4	A	0—73—63—3—65—58—0	397	167.5	18.6
5	A	0—41—1—19—54—27—11—0	483	283.8	183.0
6	A	0—76—4—31—2—33—0	433	165.0	40.5
7	A	0—70—26—37—32—77—79—13—0	461	246.9	95.8
8	A	0—22—9—61—69—43—15—49—71—0	475	379.7	582.3
9	A	0—47—80—39—67—60—21—74—0	456	267.3	226.1
10	A	0—36—59—50—40—62—68—0	466	199.2	36.3
11	A	0—52—24—30—45—7—56—0	454	238.6	152.6
12	B	0—75—6—5—23—66—0	314	153.9	55.0
13	B	0—48—8—14—20—0	284	90.7	19.6
合　计			5 644	2 792.6	2 029.7

根据最终配送方案结果比较可以看出,遗传算法的整体派送方案的总成本由4 822.3元减少到4 373.1元,降低了9.3%,其中运输成本由2 792.6元减少到2 765.3元,降低了1.0%,时间成本由2 029.7分减少到1 607.8分,降低20.8%。无论是对总成本,还是对单独的运输成本或时间成本,本实验在结果优化方面均有所改善。可见遗传算法的最优结果均优于实验组,从而验证了该遗传算法的有效性和可行性。

基于启发式搜索的智能算法在快件派送的路线规划中具有重要的应用价值。智能算法不仅可以实现自动优化,还能完成多目标优化,甚至实现动态优化,具有良好的优化性能。自动算法是收派件路线规划工具软件的核心算法,具有重要的理论和应用价值。

3.收派件路线规划工具

近年来,一些智能优化软件/平台被运用到快递收派件路线规划中,这些软件采用智能算法进行自动优化,可实施多目标、带约束的复杂优化,具有优化效果好、实施简单的优点。

（1）地图慧

地图慧是一款面向个人用户和企业用户的在线制图与地理信息服务平台。用户不需要专业知识与编程经验，即可一键快速将 Excel 表格数据生成地图，使用起来简单、便捷。可使用地图慧来规划收派件路线，实现步骤如下：

①登录地图慧官方网站，单击【注册/登录】（使用手机号注册/登录），如图 7-7 所示。

图 7-7　官网首页

②登录后单击【进入工作台】，系统为用户自动生成专属工作台，如图 7-8 所示。

图 7-8　单击【进入工作台】

③进入工作台后,单击【新建地图】,进入操作页面,如图 7-9 所示。

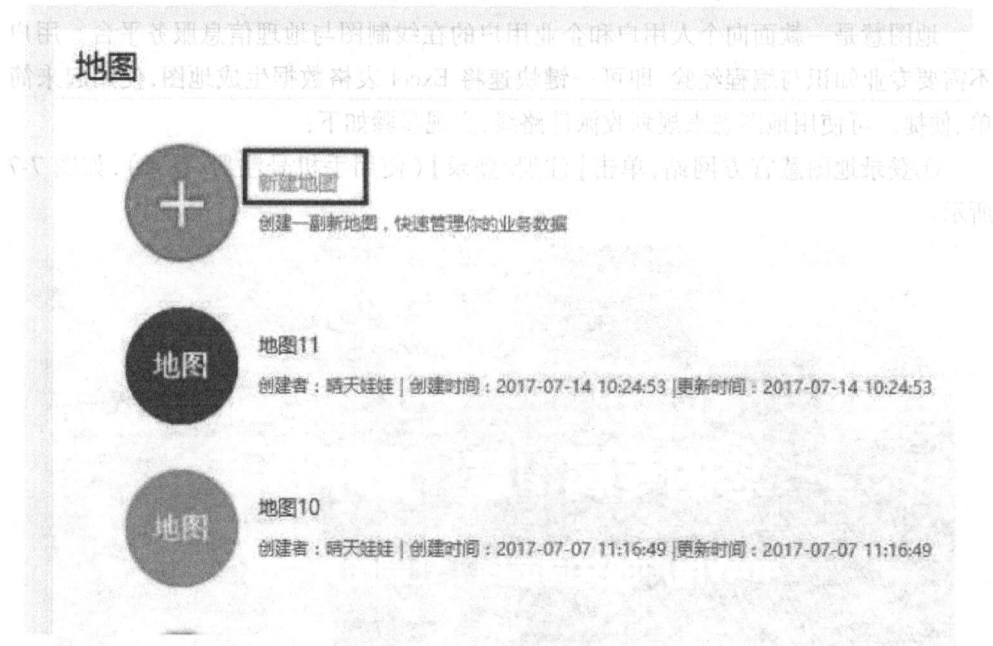

图 7-9　单击【新建地图】

④选择【点图层 1】—【批量导入】,选择需要上传的具有地址信息的 Excel 表格,并单击上传,如图 7-10、图 7-11 所示。

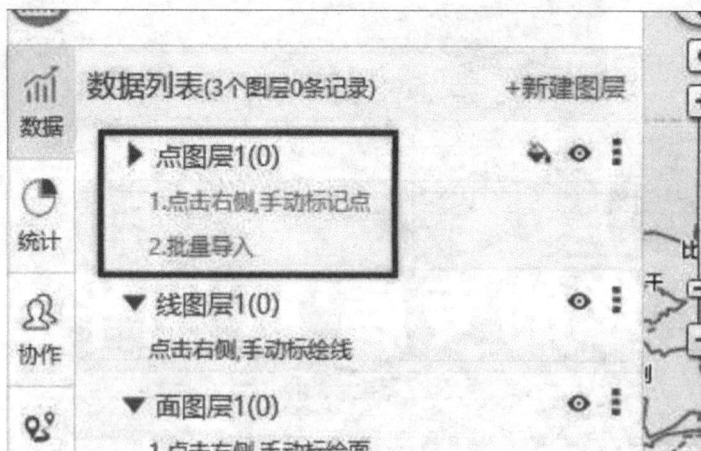

图 7-10　选择【批量导入】

批量导入点数据

＋选择数据

上传须知：

1.每次上传的文件小于2M；

2.数据格式支持常见的.xls、.xlsx；

3.数据中最少包含地址列，或经纬度列；

4.上传前请参考： 示例数据-经纬度版 示例数据-地址版；

5.追加的数据需与当前图层字段一致，否则仅识别同名字段；

	A	B	C	D	E
1	标题	地址	城市列(可选)	自定义1列	自定义n列
2	客户1	北京超图软件股份有限公司	*地址、标题为必选列		
3	客户2	河北省定兴县	*其他列可自定义，最多30列		
4	客户3	广州市新海医院	*每次上传建议不超过2 000行		
5	客户4	山西省太原市迎泽区桃园南路甲5号	*城市列可选		
6	客户5	上海市徐汇广元路193-4号			
7	客户6	长沙市港岛路数码港大厦B栋13层1311			
8	客户7	重庆渝中区枣子岚垭正街56号附9号			
9	客户8	西安市碑林区三学街15号			

图 7-11 选择需要上传的数据表

⑤在左侧【数据列表】中选择【面图层1】，在地图上标注出需要进行拜访或派送的区域范围，如图7-12所示。

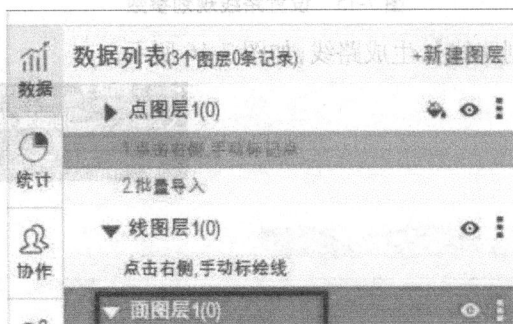

图 7-12 选择【面图层1】

⑥选择左侧【路线规划】进行路线规划，如果是两个点之间进行路线规划，可直接选择【手动规划】，如果是多点路线规划，选择【批量规划】，如图7-13、图7-14所示。

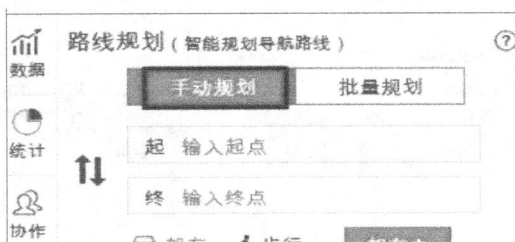

图 7-13 选择【手动规划】

135

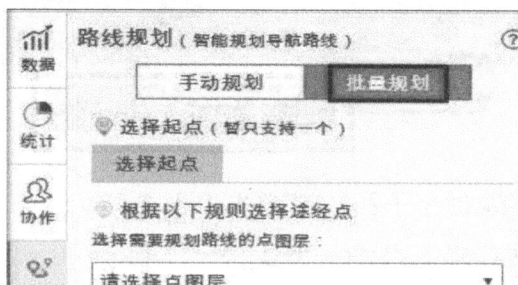

图7-14 选择【批量规划】

⑦在【批量规划】中设置路线规划参数,如图7-15所示。

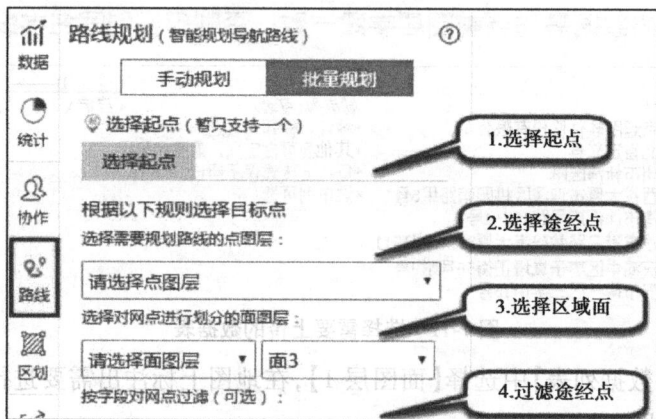

图7-15 设置路线规划参数

⑧单击【开始规划路线】,生成路线,如图7-16所示。

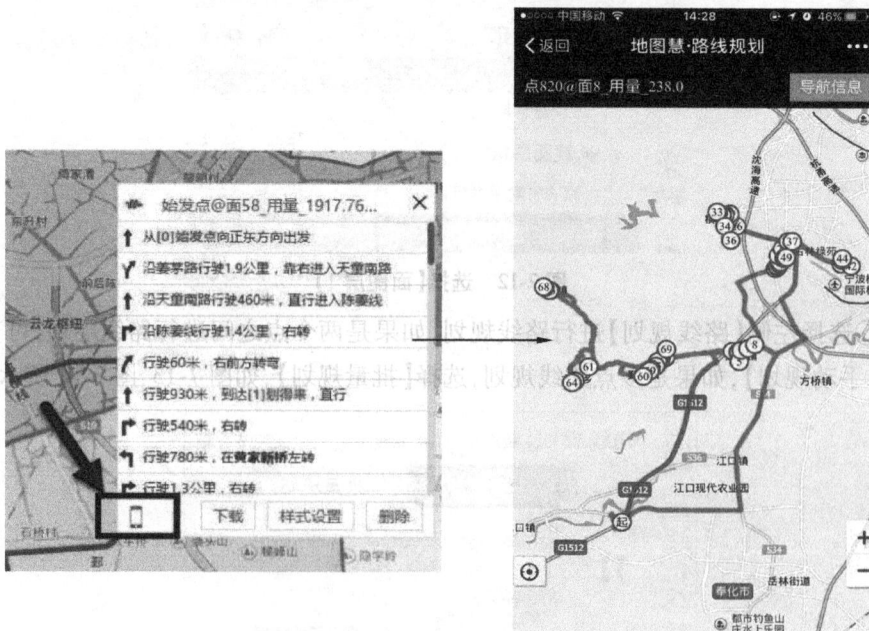

图7-16 生成规划路线

⑨点击【路线】查看导航信息,并可一键发送到手机。

(2)唯智 ROS 路径优化系统

唯智 ROS 路径优化系统是一款专业的商业路径优化系统。系统采用了国际先进的智能优化算法,运算速度快,能有效节省物流配送成本。编制配送计划时,会根据业务的实际情况综合考虑,满足业务的多维度约束要求。系统具有以下功能:

①基础数据处理:包括运输地、车型、仓库等数据。运输地包括地址信息及车型限制信息;车型包括车辆的载重、体积、货物件数及车辆的成本信息,同时不同车型可以对应不同的货物类别。

②地址识别:可支持配送地址的自动识别,只需提供地址信息,系统就可以自动实现地理定位,快速识别地址的经纬度坐标。支持地址自动识别定位后的手工调整。

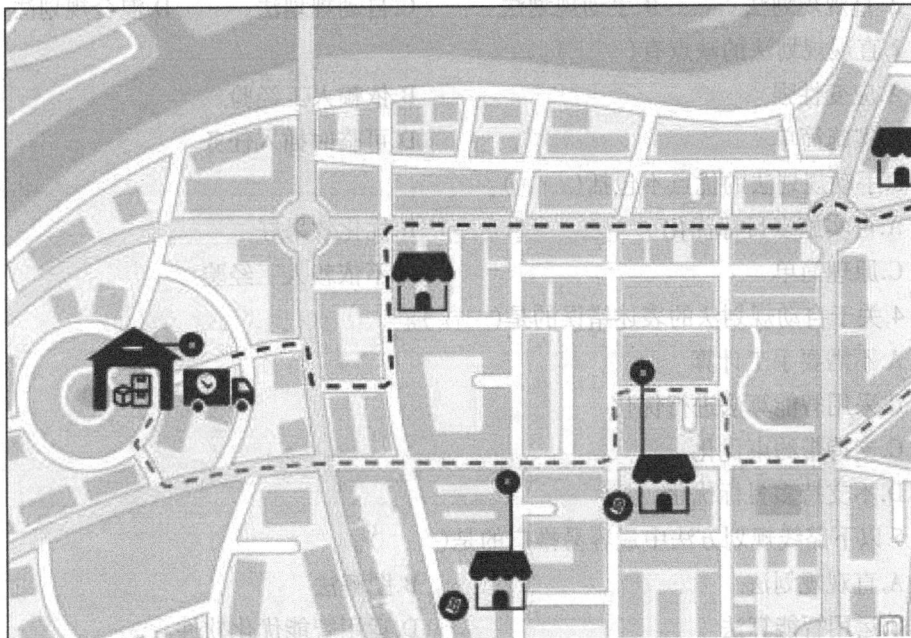

图 7-17 唯智 ROS 路径优化系统

③路网管理:系统拥有强大的运输网络管理功能,拥有快速生成路网的机制,能够有效提高运算效率,同时支持路网的便捷手工调整(新增、减少、位置变更)。

④场景管理:提供基于场景的管理模式,调度人员可以根据特殊的运输环境,配置一系列的业务场景,例如周末场景、春节长假场景,方便在特殊日期针对性地使用不同的优化策略。

⑤计划可视化:系统拥有直观的统计结果显示界面,能够清晰地在地图上展示优化结果,显示每条路线的推荐行驶轨迹及配送顺序,支持调度计划明细或查看订单明细,同时对每个调度单位的对应车型和配载比一目了然。

⑥承运商份额:可以为多家承运商设置份额比例,系统编制配送计划后,将按份额

自动分配承运商。承运商分配份额的策略是：a.首先保证订单承运；b.确保成本最优；c.尽可能保障按合同实现份额分配；d.在月度/季度/年度层面保证份额总额平衡。

⑦权限设定：按照用户、角色、组三级管理模式，可以从菜单权限和数据权限两个维度对角色进行授权，也可以从数据明细到功能按钮层级进行授权管理，满足各层级人员的管理要求。

课后练习

（一）选择题

1.快递收派件路线规划方法不包括（　　）。

A.直观规划法　　　　B.手动规划法　　　　C.自动规划法　　　　D.混合规划法

2.直观规划法的缺点有（　　）。

A.应变性强　　　　　　　　　　　　B.依赖人工经验

C.实施简单　　　　　　　　　　　　D.可临时插入任务

3.手动规划法的优点不包括（　　）。

A.可实施多目标优化　　　　　　　　B.优化效果好

C.原理简单　　　　　　　　　　　　D.不依赖人工经验

4.关于自动规划法的表述错误的是（　　）。

A.不需要手工计算

B.采用智能算法进行优化

C.支持带约束优化

D.不支持多目标优化

5.以下路线规划方法中最容易推广的是（　　）。

A.直观规划法　　　　　　　　　　　B.图解法

C.运用智能算法　　　　　　　　　　D.运用智能优化软件

（二）简答题

简述最近插值法的优缺点。

技能训练

【实训内容】

使用图解法、工具软件分别优化如图 7-18 所示的快件派送路线，并计算出最小路径长度。其中，①为配送中心，其他为派送节点，各点间的距离如图 7-18 所示。

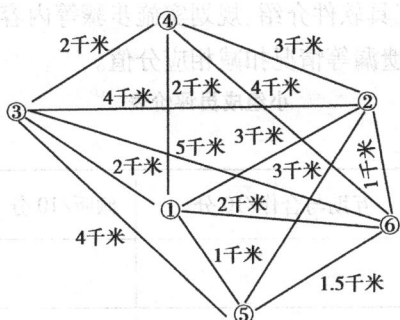

图 7-18　快件派送路线

【实训目的】

通过本次实训,巩固所学理论知识,能够理解收派件路线规划的各种方法,能够了解各种路线规划方法的优缺点,增强业务能力。

【实训准备】

①收派件网格地图。
②纸、笔、直尺。
③电脑及网络。

【实训要求】

①能够独立、规范地完成各项任务。
②注意使用礼貌用语。

【实训步骤】

①将全班同学分组,每 4~6 人为一组,活动以组为单位进行。
②每个小组分别使用图解法、工具软件法按要求进行收派件路线规划。
③计算规划路径的长度及可能的经济成本。
④每人写一份不少于 1 000 字的调研学习总结报告。
⑤各小组组长汇总本小组的调研学习总结报告并上交。

【实训评价】

各小组组长将本组的结果在班上展示,供同学和教师查验,要求有收派件路线规划方法介绍、工具软件介绍、规划实施步骤等内容。

● 小组活动评价

组长负责分配不同的任务给组员,组员完成子任务。调研学习总结报告要有收派

139

件路线规划方法的介绍、工具软件介绍、规划实施步骤等内容。小组成员评价表如下，完成任务得40分，如果有遗漏等情况扣减相应分值。

小组成员评价表

小组名称：_____　　　　　　　　　　　组长：_____

小组成员	态度/10分	互助与合作/10分	倾听/10分	展示与效果/10分

● 教师评价

教师负责评价每组的任务完成情况，量化评价标准。教师对小组进行评价的标准见下表，总分值为60分。

小组学习评价表

序号	评价指标	分值/分	打分
①	能在规定时间内组员合作完成实训任务，操作规范；顺利展示，报告观点新颖，表述逻辑性强	50~60	
②	能在规定时间内完成实训任务，操作规范；能做展示，有自己的观点，表述清楚	40~49	
③	能在教师和其他同学的帮助下完成实训任务，有展示结果	30~39	
④	能在教师和其他同学的帮助下基本完成实训任务，没有展示结果	0~29	

● 教师点评

教师进行点评时，汇总小组内评价，然后针对各小组进行总结点评。点评时以鼓励为主，要注意挖掘每个小组的闪光点。每个同学的最后得分为所在小组得分+成员评价分。

任务二 信息化技术在快递中的应用

案例导入

小王于"双十一"在网上买了一双运动鞋,付完款后第3天就接到了收派员发过来的信息,通知小王到菜鸟驿站领取包裹。小王到了菜鸟驿站报出取件码,在工作人员找到包裹并扫描包裹上的条形码后,小王领取包裹回去了。他试穿运动鞋觉得很满意,完成了一次愉快的网上购物。在这次网购过程中,小王体会到了信息技术带来的快捷。那么,信息技术在快递行业中都有哪些应用呢?

任务执行

信息化是指培养、发展以计算机为主的智能化工具为代表的新生产力,并使之造福于社会的历史过程。信息化可以极大地提高生产效率,降低生产成本,为推动人类社会进步提供极大的技术支持。

近年来,伴随着电子商务和"互联网+"的快速发展,信息化正在逐步深入快递作业流程,成为快递企业转型升级的催化剂。可以说,如果没有强大的信息化手段,快递行业的服务质量就很难得到保障。快递行业信息化的特点主要表现在以下几个方面:

首先,业务的动态性。每一份运单的状态是实时变化的,从收件开始,经历多次中转、报关、派件、回单、收款等过程。

其次,地域的分布性。用户的分布地域具有不确定性,快递企业本身的网络架构也具有分布式的特点,这决定了快递企业用分布式的网络架构来服务分布式的客户。

再次,服务的多样性。考虑到客户的不同要求,快递企业需要向客户提供全方位的服务体系,包括电话、E-mail查询,呼叫中心、短信服务,网上查询等。

众所周知,快递行业是高度依赖信息化驱动的产业。现代意义上的物流信息化大体上可以从20世纪六七十年代算起,当时一些发达国家的大企业为了提高企业之间的商贸、物流效率,逐渐将一些电子信息技术应用到商品的流通过程中。随着电子设备和互联网技术的发展,快递行业的信息化手段也得到了加强,下面介绍一些在快递行业中得到广泛应用的典型信息化技术。

1.识别技术在快递行业中的应用

识别技术,也称自动识别技术,是一种可以自动获取被识别物体的相关信息并提供给计算机系统作进一步处理的技术。识别技术覆盖的范围相当广泛,大致可以分为语音识别、图像识别、光学字符识别、生物识别以及磁卡、IC 卡、条形码、射频识别等识别技术。目前在快递行业中广泛应用的技术包括条形码和射频识别等识别技术。

（1）条形码

如图 7-19 所示，条形码是将宽度不等的多个黑白条纹，按照一定的编码规则排列，用以表达一组信息的图形标识符，其中黑色部分称为"条"，白色部分称为"空"。条和空分别代表二进制的"0"或者"1"，不同粗细的条和空的相互组合，代表不同的编码信息，可以表示数字、字符和符号信息。

10100　001008

图 7-19　条形码

条形码识别的原理是利用条形码中条和空对同一光线的反射率和反射强度不同这一特性，通过光学传感器检测来自不同发射区的不同反射光，从而识别出黑与白的排序信息。条形码可以标出物品的生产国、制造厂家、商品名称、生产日期、图书分类号、邮件起止地点、类别、日期等信息，在商品流通、图书管理、邮政管理、银行系统等许多领域得到广泛应用。常用的条形码识读设备主要有 CCD（电荷耦合器件）扫描器、激光扫描器和光笔式条形码扫描器三种，分别如图 7-20、图 7-21、图 7-22 所示。

图 7-20　CCD 扫描器　　　图 7-21　激光扫描器　　　图 7-22　光笔式条形码扫描器

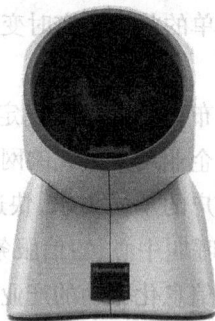

随着条形码技术的发展，目前二维码得到广泛应用。二维码又称二维条码，如图 7-23 所示。常见的二维码为 QR 码，QR 的全称是 Quick Response，是近几年在移动设备上非常流行的一种编码方式，相比传统的条形码，它能存储更多的信息，也能表示更多的数据类型。

二维码是用某些特定的几何图形，按一定规律在平面（二维方向上）分布的、黑白相间的、记录数据符号信息的图形。它在代码编制上巧妙地利用构成计算机内部逻辑基础的"0""1"比特流的概念,使用若干个与二进制相对应的几何形体来表示文字数值信息,通过图像输入设备或光电扫描设备自动识读,实现信息自动处理。与传统的条形码相比,它具有以下优点:

图 7-23　二维码

①高密度编码,信息容量大。

②编码范围广。

③容错能力强,具有纠错功能。

④译码可靠性高。

⑤可引入加密措施。

⑥成本低,易制作,耐用。

(2)射频识别

射频识别技术是自动识别技术的一种,它通过无线射频方式进行非接触双向数据通信,利用无线射频方式对记录媒体(电子标签或射频卡)进行读写,从而达到识别目标和数据交换的目的,其被认为是21世纪最具发展潜力的信息技术之一。

射频识别技术的基本工作原理可以描述如下:当标签进入阅读器后,接收阅读器发出的射频信号,凭借感应电流所获得的能量发送出存储在芯片中的产品信息,阅读器读取信息并解码后,送至中央信息系统进行相关数据处理。

随着射频识别技术的发展,其目前已广泛应用在多个领域,如图7-24所示。相比其他识别技术,它具有以下优点:首先,就外在表现形式来讲,射频识别技术的载体一般具有防水、防磁、耐高温等特点,保证射频识别技术在应用时具有稳定性。其次,就其使用来讲,射频识别技术设备在实时更新资料、存储信息量、使用寿命、工作效率、安全性等方面都具有优势。射频识别技术设备能够在减少人力、物力、财力的前提下,更便利地更新现有资料,使工作更加便捷;射频识别技术依据电脑等对信息进行存储,可存储信息量大,能保证工作的顺利进行;基于射频识别技术的设备使用寿命长,只要工作人员在使用时注意保护,其就可以重复使用;射频识别技术改变了从前信息处理的

图 7-24　射频识别技术在快递行业的应用

不便捷,实现了多目标同时被识别,大大提高了工作效率;同时,基于射频识别技术设备设有密码,信息不易被伪造,安全性较高。

2.快递管理系统

快递是物流的一种形态。物流的核心要素是仓储、运输和包装,而快递作为一种"门到门"的个性化精益物流服务,更重视速度。为了"快",快递必须综合运用各种运输方式(以航空运输为主,配合地面公路中转、派送),辅以网络化的区域机构。快递主要面向散单,其特点是物品相对较小、品种多,中间经过的环节多,因此需要设计合适的管理系统来支撑快递业务的发展,从而为客户提供更便捷、更优质的服务。

一般快递管理系统需要支持生产作业(从收件到派送回单的整个流程)、财务结算(成本、代理结算、应收应付、收款、审核等)、客户服务(网上查单、电话语音服务、个性化定制服务等)等业务形式。如图 7-25 所示为某快递管理系统的业务功能示意图,该系统主要有如下特点:

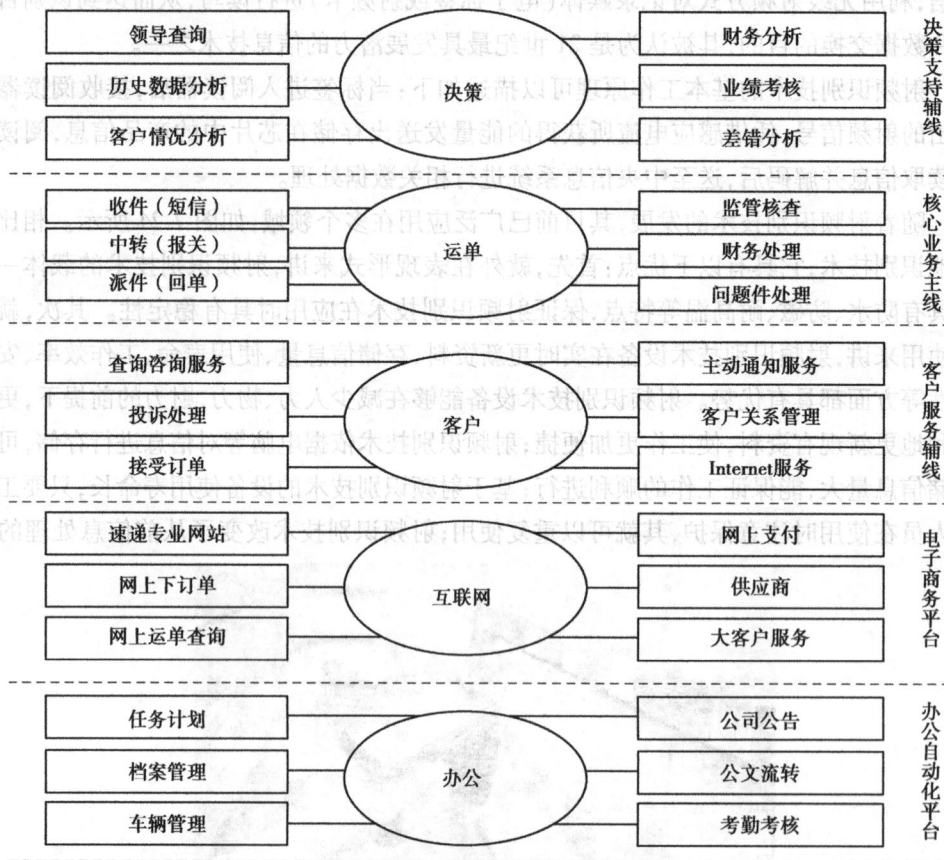

图 7-25　快递管理系统业务功能示意图

①对内提升管理和决策水平,增强部门间、部门与分支机构间的协同,以实现提高效率、降低成本的经营目标。

②对外提升企业形象,改善服务质量,提高客户忠诚度。

③有效整合上、下游资源,形成规模效应,获得竞争优势。

④系统支持内部业务和对外客户服务。

⑤系统支持集中与分布的有效统一,既可以支持分布式机构的分布式网络,又可以实现数据的集中管理,保证各单元机构既可以与总部联机运行又可以单独脱机运行。

⑥实现从收件、中转、报关、到件、回单、财务结算的全部业务环节。

⑦实现过程的全程控制、全程跟踪、即时核查、智能报警。

3.自动分拣系统

最初的分拣系统是完全靠人力的作业系统,通过人工搜索、搬运货物来完成货物的提取与派送。这种系统作业效率低下,浪费了巨大的人力、物力,无法满足现代化物流配送对速度和准确度的高要求。随着电子商务的发展,快递业务也快速增长,如图7-26所示为2007—2018年我国快递业务量统计图,从图中可以看出近年来快递业务在持续快速增长。因此,需要设计出快速、高效、自动化的分拣系统,以满足快速增长的快递业务的需要。

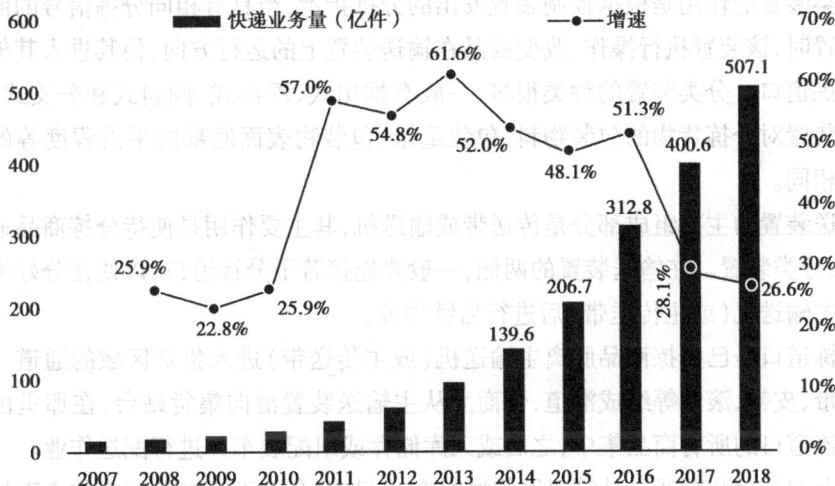

图7-26　2007—2018年我国快递业务量统计图

在现代物流配送中,高科技的应用为提高作业效率和质量提供了坚实的技术保证。现代化的分拣系统逐渐成为物流机械化系统、信息系统以及管理组织系统的有机组合。自动分拣系统(Automatic Sorting System)是率先在美国、日本的物流中心广泛应用的一种自动化作业系统。自动分拣系统如图7-27所示,它一般由控制装置、分类装置、输送装置和分拣道口组成。

控制装置的作用是识别、接收和处理分拣信号,根据分拣信号的要求指示分类装置,按商品品种、商品送达地点或货主的类别对商品进行自动分类。这些分拣需求可以通过不同方式,如条形码扫描、色码扫描、键盘输入、重量检测、语音识别、高度检测及形状识别等方式,输入分拣控制系统中,根据对这些分拣信号的判断来决定某一种商品该进入哪一个分拣道口。

图 7-27　自动分拣系统

分类装置的作用是根据控制装置发出的分拣指示,当具有相同分拣信号的商品经过该装置时,该装置执行操作,改变商品在输送装置上的运行方向,使其进入其他输送机或分拣道口。分类装置的种类很多,一般有推出式、浮出式、倾斜式和分支式 4 种,不同的装置对分拣货物的包装物料、包装重量、包装物表面底部的平滑程度等的要求不完全相同。

输送装置的主要组成部分是传送带或输送机,其主要作用是使待分拣商品通过控制装置、分类装置。在输送装置的两侧,一般要连接若干分拣道口,以便在分好类的商品滑下主输送机(或主传送带)后进行后续作业。

分拣道口是已分拣商品脱离主输送机(或主传送带)进入集货区域的通道。其一般由钢带、皮带、滚筒等组成滑道,使商品从主输送装置滑向集货站台,在那里由工作人员将该道口的所有商品集中,之后或入库储存或组配装车并进行配送作业。

以上四部分装置通过计算机网络联结在一起,配合人工控制及相应的人工处理环节构成一个完整的自动分拣系统。

课后练习

(一)选择题

1.汽车通过自动缴费通道,是通过(　　　)来实现自动缴费的。

A.人工远距离控制　　　　　　　　　B.条形码识别技术

C.射频识别技术　　　　　　　　　　D.遥感控制技术

2.(多选)射频识别技术比条形码技术更具有(　　)的优势。

A.不需要光源　　　　　　　　　　　B.使用寿命长

C.能同时处理多个标签　　　　　　　D.读取距离长

3.(多选)自动分拣系统一般由(　　)组成。

A.控制装置　　　　　B.分类装置　　　　　C.输送装置　　　　　D.分拣道口

4.(多选)控制装置的作用是(　　)。

A.识别分拣信号　　　B.接收分拣信号　　　C.处理分拣信号　　　D.转发分拣信号

5.(多选)分类装置的种类一般有(　　)。

A.推出式　　　　　　B.浮出式　　　　　　C.倾斜式　　　　　　D.分支式

6.(多选)滑道一般由(　　)组成。

A.条形码　　　　　　B.钢带　　　　　　　C.皮带　　　　　　　D.滚筒

(二)简答题

1.简述条形码技术的应用。

2.简述条形码识别的工作原理。

3.讨论快递行业和物流行业的区别与联系。

4.描述快递管理系统的业务功能。

5.简述自动分拣系统的功能。

技能训练

【实训内容】

①快递识别技术的调研。

②快递管理系统的使用。

③讨论快递自动分拣系统。

【实训目的】

通过本次实训,巩固所学理论知识,了解各种快递信息化技术的特点,掌握快递管理系统的操作规范和注意事项,增强工作责任心。

【实训准备】

①学校快递实训基地。

②电脑及网络。

③联系校园菜鸟驿站。

【实训要求】

①能够独立、规范地完成各项任务。

②注意使用礼貌用语。

【实训步骤】

①将全班同学分组，每4~6人为一组，活动以组为单位进行。

②每个小组通过网络对快递信息化技术相关资料进行全面搜集。

③去学校快递实训基地实地学习调研。

④各小组写一份调研学习总结报告，并制作PPT。

⑤各小组选派一名代表对本小组汇总的调研学习总结报告进行汇报阐述。

【实训评价】

各小组组长将本组的结果在班上展示，供同学和教师查验，要求有对快递信息化技术的介绍、各种信息化技术的应用场景、各种信息化技术的优缺点等内容。

● 小组活动评价

组长负责分配不同的任务给组员，组员完成各子任务。调研学习总结报告要有对快递信息化技术的介绍、各种信息化技术的应用场景、各种信息化技术的优缺点等内容。小组成员评价表如下，完成任务得40分，如果有遗漏等情况扣减相应分值。

小组成员评价表

小组名称：_____　　　　　　　　　组长：_____

小组成员	态度/10分	互助与合作/10分	倾听/10分	展示与效果/10分

● 教师评价

教师负责评价每组的任务完成情况，量化评价标准。教师对小组进行评价的标准见下表，总分值为60分。

小组学习评价表

序号	评价指标	分值/分	打分
①	能在规定时间内组员合作完成实训任务,操作规范; 顺利展示,报告观点新颖,表述逻辑性强	50~60	
②	能在规定时间内完成实训任务,操作规范; 能做展示,有自己的观点,表述清楚	40~49	
③	能在教师和其他同学的帮助下完成实训任务,有展示结果	30~39	
④	能在教师和其他同学的帮助下基本完成实训任务,没有展示结果	0~29	

● 教师点评

教师进行点评时,汇总小组内评价,然后针对各小组进行总结点评。点评时以鼓励为主,要注意挖掘每个小组的闪光点。每个同学的最后得分为所在小组得分+成员评价分。

任务三 快递相关设施设备

案例导入

对快递企业来说,快递设施设备的应用是衡量其实力的重要指标。快递设备是快递系统中的物质基础,伴随快递行业的发展,快递设备不断发展。随着快递业务的日益多样化,快递设备的品种越来越多且不断更新。快递活动的系统性、一致性、经济性、机动性和快速化,要求一些快递设备向专门化的方向发展,一些设备向通用化、标准化的方向发展。那么,常用的快递相关设施设备有哪些呢?

任务执行

1.快递收派设备

(1)快递信息采集与处理设备

①PDA手持终端设备。

PDA手持终端设备可以满足信息采集、信息处理、信息查询的需求,实现信息的一体化管理,帮助企业迎来无纸化操作时代,可减少失误、提高效率,提升企业竞争力,帮助企业赢得市场。PDA手持终端设备如图7-28所示。以东大集成的PDA手持终端设备为例,其主要具备以下几个功能。

图 7-28　PDA 手持终端设备

A.条形码扫描。

条形码扫描是 PDA 手持终端设备最重要的功能之一。它是将已编码的条形码附着于目标物,并使用专用的扫描读写器,利用光信号将信息由条形磁传送到扫描读写器上。

B.射频识别。

射频识别类似于条形码扫描,但其使用专用的射频识别读写器及专门的可附着于目标物的射频识别标签,利用频率信号将信息由射频识别标签传送至射频识别读写器。

C.指纹采集、比对。

配备指纹采集模块,可采集生物指纹信息并进行比对,主要应用于公安部门、银行、社会保险部门等对信息安全要求较高的领域。

D.卫星导航系统定位。

卫星导航系统主要应用于公安部门,也大量用于民用市场,为驾驶员提供电子地图及定位导航服务等。

②运单打印机。

运单打印机是打印快递电子运单的设备。客户或收派员通过快递企业公众号填写寄件人和收件人信息后,运单打印机即可打印电子运单。

运单打印机分为两种:打印传统运单的针式打印机和打印电子运单的热敏打印机(也称为面单打印机、电子面单打印机),如图 7-29 所示。

用于打印传统运单的针式打印机,目前市面上常见的品牌有爱普生(EPSON)、惠普(HP)、明基(BenQ)等;用于打印电子运单的热敏打印机与超市收银处的热敏打印机不同,打印快递运单的热敏打印机的打印宽度不能小于 4 ips(101.6 mm),目前市场上常见的品牌有博思得(POSTEK)、斑马(ZEBRA)等。

图7-29 热敏打印机

(2)快递包装设备

包装设备是指能完成全部或部分快递包装过程的机械。包装过程包括充填、裹包、封口等主要工序,以及与其相关的前后工序如捆扎、集装、拆卸等。使用包装设备包装快递,可大大提高效率,减轻劳动强度,适应大量包装的需要,并满足保证清洁卫生的要求,提高综合效益。

包装设备的功能和作用主要有:

①可大大提高包装效率。

②能有效保证包装质量。

③能实现手工包装无法实现的操作。

④可降低员工的劳动强度,改善劳动条件。

⑤可降低包装成本,节省费用。

⑥能可靠地保证某些快件的清洁卫生。

常见的包装设备有封箱机、裹包机、贴标机、捆扎机、多功能包装机。下面介绍封箱机、裹包机和贴标机。

①封箱机。

封箱机是在快递箱内装入快件后,将快递箱的开口部分封闭起来的机器,如图7-30所示。为了保证快件的安全运输,避免损伤快件,必须对快递箱进行封口。

②裹包机。

裹包机,又称缠绕机,是用柔性包装材料全部或局部包裹快件的机器,如图7-31所示。它适用于具有一定刚度的快件的包装。

按照快件被包裹的程度,裹包机可分为全裹式裹包机、半裹式裹包机;按照机械自动化程度,裹包机可分为全自动裹包机、半自动裹包机和手动裹包机。

③贴标机。

贴标机是将成卷的不干胶纸标签(正面为纸或金属箔)粘贴在快递包装上的设

备。贴标机是现代包装流程中不可缺少的设备。目前我国生产的贴标机的种类正在逐步增多,生产技术水平也有了很大提高,已从以手动、半自动贴标机为主的落后局面,转向自动化高速贴标机占据广大市场的格局。

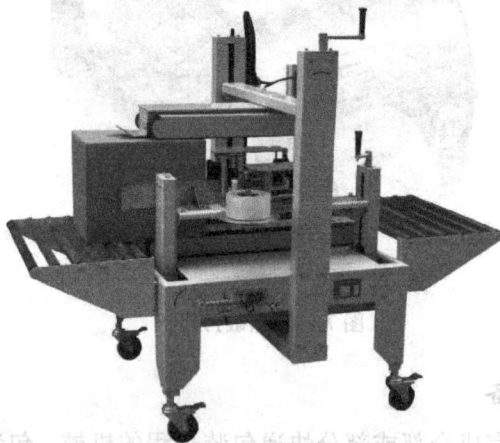

图 7-30　封箱机

图 7-31　裹包机

贴标机主要包括:全自动立式圆瓶贴标机,全自动卧式圆瓶贴标机,全自动转角贴标机,全自动红酒贴标机,平面贴标机,全自动平面流水线贴标头,上下不干胶贴标机,双侧气动贴标机,单侧贴标机,半自动平面贴标机,半自动圆瓶贴标机等。如图 7-32所示。

(3)快递投递设备

快递投递设备主要有智能快递柜和快递架。

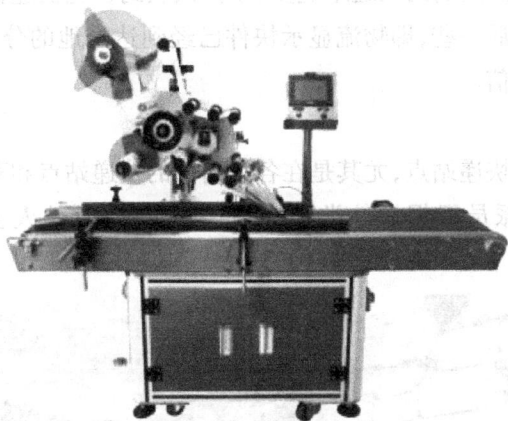

图 7-32　贴标机

①智能快递柜。

智能快递柜是随着快递业不断发展而出现的新事物,如图 7-33 所示。收派员把快件放入对应的柜子,输入收件人的手机号码,系统自动向收件人的手机发送取件码,收件人凭取件码取件。这种方式安全可靠,可以解决收件人无法当面取件的问题,快递柜已在许多小区广泛使用。

图 7-33　智能快递柜

但是,智能快递柜也存在一些问题,主要问题有:

A.收件人无法当面签收快件,可能导致货物在运送过程中存在质量隐患。

B.收费标准尚不完善,存在争议。智能快递柜需要扫码取货,同时设有取货期限,规定"如果不能在××小时内取货,超时每小时收取××元"等。

C.取货信息滞后。网购的人越来越多,收件人收到智能快递柜发送的取件码和取货信息提示往往会滞后一些,即物流显示快件已经到达当地的分点部,可能隔几天收件人才会收到取货短信。

②快递架。

快递架广泛用于快递站点,尤其是在各大高校的快递站点和菜鸟驿站。快递架主要用于放置快件,收派员根据快件类别分别存放,等待收件人上门取件,如图 7-34 所示。

图 7-34　快递架

2.快递运输设备

(1)公路运输设备

公路运输设备主要指运输车辆。在快递运输中,快递企业用到的主要是专用运输车辆和载货汽车。

①专用运输车辆。

专用运输车辆主要包括带有液压卸车机的自卸式货车、货箱封闭的标准挂车或货车(即箱式车)、集装箱牵引车和挂车。

A.自卸式货车。

这种货车动力大,通过能力强,可以自动后翻或侧翻,物品可以凭借本身的重力自行卸下。一般用于矿山和建筑工地运输煤和矿石。

B.箱式车。

箱式车结构简单、运力利用率高、适应性强,是物流领域应用最广泛的货车。箱式车的主要特点是车厢是全封闭的,车门便于装卸作业,能够实现"门到门"运输。封闭式的车厢不仅可以使货物免受风吹日晒雨淋,还可以防止货物散失,减少货损,提高运输质量。

小型箱式车通常兼有滑动式侧门和后开车门,便于装卸物品,而且因为车身小巧灵便,能够穿越大街小巷,可以把物品直接送达收件人。小型箱式车适用于运送运距较短、批量较小、对作业时间要求高的物品。尤其是在运送各种家用电器、纺织品等轻工业产品时,小型箱式车是快递企业的理想选择。总的说来,箱式车的载货容积大。

C.集装箱牵引车和挂车。集装箱牵引车专门用于拖带集装箱挂车或半挂车,两者结合组成车组,是长距离运输集装箱的专用机械,在快递企业主要用于港口码头、铁路货场与集装箱堆场之间的运输。集装箱挂车按拖挂方式不同,分为半挂车和全挂车两种,其中半挂车在快递企业最为常用。

②载货汽车。

载货汽车按载货量分,有重型、轻型载货汽车;按汽车的体积大小分,有大型、中型、微型载货汽车。其中,进行室内的集货、配货可以用微型和轻型载货汽车,长距离的干线运输可以用重型载货汽车,短距离的室外运输可以用中型载货汽车。

(2)铁路运输设备

我国幅员辽阔,铁路运输承担着非常重要的作用。铁路运输具有运输能力大、运输成本低、安全性高的特点。铁路运输基础设备主要包括线路设备、车站、车辆、机车、信号与通信设备。

线路设备是机车、车辆和列车运行的基础,车站是办理快递运输的基地,车辆是装载快件的工具,机车是牵引或推动铁路车辆运行的工具,信号与通信设备是运输调度集中与统一指挥的工具,如图7-35所示。

图 7-35 铁路运输设备

(3)航空运输设备

航空运输设备包括飞机、机场、空中交通管理系统和飞机航线四个部分。

飞机是航空快递运输的工具,飞机运输具有速度快的特点。运输快件的飞机一般是货机,有较大的舱门,便于装卸货物。国内顺丰速运就有自己的运输飞机,如图7-36所示。

图7-36　运输飞机

机场是办理快件航空运输手续的场所,是供飞机起飞、着陆、停驻、维护、补充给养和组织飞行保障活动的场所。机场由飞行区、航站区、进出机场的地面交通系统构成。按航线性质,机场可以分为国际航线机场和国内航线机场。

空中交通管理系统是管理多架飞机起降和航行,保障飞行秩序和安全的系统。为完成飞行任务,必须制定一套规则,接受管制的飞机依靠目视、无线电通信和导航手段履行管制规则。

飞机航线也称空中交通路线,简称航线。航线确定了飞机飞行的具体方向、起讫和经停点。根据空中交通管制的需要,规定了航线的宽度和飞机飞行高度,以维护空中交通秩序,保证飞机的飞行安全。

3.快递处理设备

（1）快递仓储与装卸搬运设备

①货架。

货架是以具有一定强度的材料,按一定的要求建成,用来存放货物的几何建筑体,在仓库占有十分重要的地位。

货架的主要作用有:

A.对用钢材或钢筋混凝土制成的货架,可通过提升货架高度来扩大仓库的储存能力。

B.货架上的货物相互不接触、不挤压,可减少货损。

C.存取货物方便,结合计算机管理易实现货物的先进先出。

D.可采用防潮、防尘、防盗等措施来提高货物的储存质量。

E.有利于实现仓储系统的自动化管理。

可以用于货物存储的货架主要包括层架式货架、托盘式货架、阁楼式货架、移动式货架和贯通式货架。

货架种类	主要适用范围
层架式	存放规格复杂多样、容易搞混而需相互隔离的快件;其中抽屉式货架主要用于存放比较贵重的或怕尘土、怕湿的小件物品
托盘式	适用于存放整托盘货物
阁楼式	适用于各种类型快件的存放,上层放轻量快件,可有效利用空间
移动式	适用于各种类型快件的存放,能充分利用通道空间
贯通式	适用于量多样少的快件的存放;不适合存放太长或太重的快件

②叉车。

叉车是一种用来装卸、搬运和堆码单元货物的车辆,是仓库装卸搬运机械中应用最广泛的一种设备。叉车具有机械化程度高、机动灵活性好,可以"一机多用",能提高仓库利用率,成本低、投资少的特点。

叉车按是否用电,可以分为人力叉车和电动叉车;按使用方法,可以分为平衡式叉车(图 7-37)、插腿式叉车(图 7-38)、前移式叉车(图 7-39)和侧面式叉车(图 7-40)。平衡式叉车利用底盘来配重,其提升能力为 2.7~4 m,是使用最多的一种叉车;插腿式叉车的跨架支撑面积较大,具有较高的稳定性和较轻的重量,跨架须插入货架下端;前移式叉车的门架(或货叉)可前后移动,运行时门架后移,使货物重心位于前、后轮之间,适用于车间、仓库内工作;侧面式叉车主要用于长料货物的搬运,这种叉车里驾驶员的视野好,其所需通道宽度也较小。

叉车种类	主要适用范围
平衡式	主要用于露天作业
插腿式	适用于仓库内对效率的要求不高,但需要有一定堆垛、装卸高度的情况
前移式	一般用于室内作业
侧面式	主要用于长料货物的搬运

③托盘。

为了有效装卸、运输、保管货物,将货物按一定数量组合放置于一定形状的台面上,这种台面有供叉车从下部插入并托起的叉入口(叉孔),以这种结构为基本结构的平台和在这种基本结构的基础上形成的各种形式的集装器具均可称为托盘。

图 7-37　平衡式叉车　　　　　　　　　图 7-38　插腿式叉车

图 7-39　前移式叉车　　　　　　　　　图 7-40　侧面式叉车

叉车与托盘组合使用而形成的有效装卸系统大大地促进了装卸活动的发展,使装卸的机械化水平大幅提高,长期以来在运输过程中的装卸瓶颈得以改善。

托盘分为平板托盘(7-41)、立柱托盘(图 7-42)、箱式托盘(图 7-43)、滑片托盘、轮式托盘、塑料垫板托盘和特种专用托盘。

使用托盘的注意事项:

A.用叉车叉取托盘时,叉齿要保持水平,不应上下倾斜;

B.叉车必须对准叉孔,垂直于托盘,不应斜着进出托盘;

C.严禁甩扔空托盘;

D.不准用叉齿推移、拖拉托盘;

E.空托盘应用叉车整齐叠放在阴凉处,避免碰撞和风吹日晒雨淋;

F.如用绳索捆扎货物,捆扎方向应与托盘的边板平行。

图7-41 平板托盘 图7-42 立柱托盘 图7-43 箱式托盘

(2)快递自动分拣设备

自动分拣设备是指自动控制的一套机械分拣装置,它由接受分拣指令的控制装置、把到达分拣位置的货物取出的搬送装置、在分拣位置把货物分送的分支装置和在分拣位置存放货物的暂存装置等组成。

自动分拣设备分为横向式分选机、升降推出式分选机、翻盘式分选机、活动货盘式分选机、直落式分选机、辊子浮出式分选机、滑块式分选机和皮带浮出式分选机。如图7-44～图7-47所示。

图7-44 横向式分选机 图7-45 升降推出式分选机

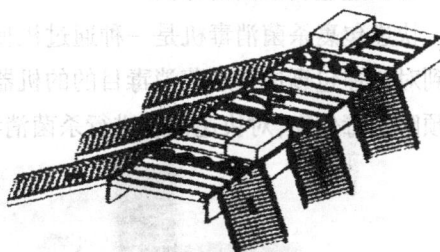

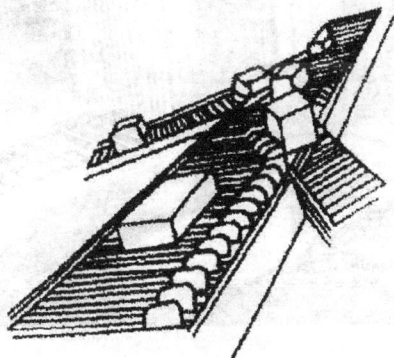

图7-46 滑块式分选机

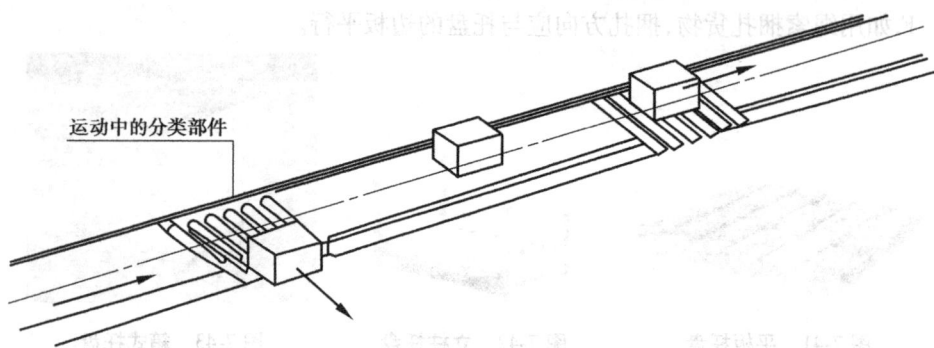

图 7-47　皮带浮出式分选机

自动分拣设备的优点有：货物品种相同时，拣选面积比传统方式减少 30%～50%，拣选速度可达 1 200 张订单/小时，拣选成本比传统方式节省 1/3～2/3，拣选准确率高（>90%）。

自动分拣设备的缺点有：价格较高；需要专人（或设备）经常补货；可使用范围较小，只适合分拣较小的物件。

（3）快递安全设备

①快递包裹杀菌消毒机。

快递包裹杀菌消毒机是一种通过机械运作，产生物理或化学杀菌消毒效用，从而达到对快递包裹进行杀菌消毒目的的机器，如图 7-48 所示。新冠肺炎疫情暴发后，为了预防病毒传染，对快递包裹进行杀菌消毒显得尤为重要。

图 7-48　快递包裹杀菌消毒机

②X 射线安全检查设备。

X 射线安全检查设备是采用 X 射线成像技术的安全检查设备，如图 7-49 所示。

该设备是利用 X 射线和被检物相互作用时发生的光电吸收、康普顿效应、瑞利散射和电子对效应,从而得到被检物的特征信息。X 射线安全检查设备主要用于发现快递包裹中的危险品,如易燃易爆物和武器等。

图 7-49　X 射线安全检查设备

③灭火器。

灭火器是一种常见的可携式灭火工具。灭火器内放置化学物品,用以救灭火灾。灭火器常存放在仓库和快递站点等有可能发生火灾的地方,不同种类的灭火器内装填的化学物品不一样,是专为不同的火灾起因而设的。使用灭火器时必须注意,以免产生反效果,引起危险。

灭火器的种类很多,按其移动方式可分为手提式和推车式;按驱动灭火剂的动力来源可分为储气瓶式、储压式、化学反应式;按所充装的灭火剂又可分为泡沫灭火器(图 7-50)、干粉灭火器(图 7-51)、卤代烷灭火器、二氧化碳灭火器、清水灭火器等。

图 7-50　泡沫灭火器

图 7-51　干粉灭火器

课后练习

（一）选择题

1.以下属于快递信息采集与处理设备的是（   ）。

A.PDA 手持终端设备 　　　　　　　　　B.封箱机

C.裹包机 　　　　　　　　　　　　　　　D.贴标机

2.下列哪种运输工具具有速度快、不受地形限制、舒适性和安全性高等优点,是中长途快速客货运输的重要工具?（   ）

A.铁路货车 　　　　B.飞机 　　　　C.汽车 　　　　D.船舶

3.按动力方式分类的叉车不包括（   ）。

A.发动机式叉车 　　　　　　　　　　　B.电动机式叉车

C.太阳能式叉车 　　　　　　　　　　　D.手动式叉车

4.铁路运输基础设备不包括（   ）。

A.线路设备 　　　　　　　　　　　　　B.车站

C.列车员 　　　　　　　　　　　　　　D.信号与通信设备

（二）简答题

1.简述公路运输设备的主要特点。

2.讨论装卸搬运设备。

3.叉车的主要用途是什么?

技能训练

【实训内容】

①快递收派设备的调研。

②快递运输设备的调研。

③快递处理设备的调研。

【实训目的】

通过本次实训,巩固所学理论知识,了解各种快递设备的用途,掌握各种快递设备的操作规范和注意事项,增强工作责任心。

【实训准备】

①学校快递实训基地。

②电脑及网络。

③联系校园菜鸟驿站。

【实训要求】

①能够独立、规范地完成各项任务。

②注意使用礼貌用语。

【实训步骤】

①将全班同学分组，每4~6人为一组，活动以组为单位进行。

②每个小组通过网络对快递设备相关资料进行全面搜集。

③去学校快递实训基地实地学习调研。

④每人写一份不少于1 000字的调研学习总结报告。

⑤各小组组长汇总本小组的调研学习总结报告并上交。

【实训评价】

各小组组长将本组的结果在班上展示，供同学和教师查验，要求有快递设备的介绍、各种设备的应用场景和各种设备的优缺点等内容。

• 小组活动评价

组长负责分配不同的任务给组员，组员完成各子任务。调研学习总结报告要有对快递设备的介绍、各种设备的应用场景和各种设备的优缺点等内容。小组成员评价表如下，完成任务得40分，如果有遗漏等情况扣减相应分值。

小组成员评价表

小组名称：＿＿＿＿＿＿＿＿　　　　　　　　　　　组长：＿＿＿＿＿＿＿＿

小组成员	态度/10分	互助与合作/10分	倾听/10分	展示与效果/10分

• 教师评价

教师负责评价每组的任务完成情况，量化评价标准。教师对小组进行评价的标准见下表，总分值为60分。

小组学习评价表

序号	评价指标	分值/分	打分
①	能在规定时间内组员合作完成实训任务,操作规范; 顺利展示,报告观点新颖,表述逻辑性强	50~60	
②	能在规定时间内完成实训任务,操作规范; 能做展示,有自己的观点,表述清楚	40~49	
③	能在教师和其他同学的帮助下完成实训任务,有展示结果	30~39	
④	能在教师和其他同学的帮助下基本完成实训任务,没有展示结果	0~29	

● **教师点评**

教师进行点评时,汇总小组内评价,然后针对各小组进行总结点评。点评时以鼓励为主,要注意挖掘每个小组的闪光点。每个同学的最后得分为所在小组得分+成员评价分。